"*Las personas más difíciles de amar* lo hará a usted un mejor líder, pastor, padre y amigo. Este libro lo guiará en una jornada de renovación personal, en una trayectoria de integridad e integración. Estas páginas son para leerlas una y otra vez mientras procuramos amar a la gente linda y herida con que nos cruzamos, incluyendo la persona que vemos cuando nos miramos en el espejo."

—FRED HARRELL
Pastor Decano de City Church, San Francisco

"Un libro sabio y encantador sobre liderazgo que nos lleva en una jornada entre los retos y las complejidades de las difíciles relaciones con los demás y con nosotros mismos. Reflexionando en la sabiduría cristiana que afirma que el sufrimiento puede conducir a la renovación humana, DeGroat nos señala paradójicamente el trascendente descanso que se encuentra en la soledad y en la estrecha comunidad con otros, que nos une teniendo a Dios como el centro."

—ERIC JOHNSON
Director de la Sociedad para la Psicología Cristiana

"Chuck DeGroat comprende claramente las realidades del ministerio pastoral. Este libro es teológicamente sólido y a la vez práctico, por lo tanto, nos lleva a un enfoque equilibrado de la formación humana. Será una ayuda sustancial para quienes quieren entender lo que significan realmente el liderazgo, la consejería y la amistad."

—TYLER JOHNSON
Pastor principal de Redemption Gateway Church Mesa, Arizona

las personas más difíciles de amar

Cómo entender, guiar y amar a las personas difíciles que hay en su vida, incluido usted mismo

CHUCK DEGROAT

EDITORIAL
PATMOS

Las personas más difíciles de amar
© 2016 por Chuck DeGroat

Publicado por Editorial Patmos,
Miami, FL. 33169

Todos los derechos reservados.

Publicado originalmente en inglés por Wm. B. Eerdmans Publishing Co., 2140 Oak Industrial Drive N.E., Grand Rapids, Michigan 49505, con el título *Toughest People To Love: How To Understand, Lead, And Love The Difficult People In Your Life — Including Yourself.* © 2014 Chuck DeGroat

A menos que se indique lo contrario, las citas bíblicas se toman de la versión Reina-Valera ©1960, Sociedades Bíblicas Unidas. Cuando se utilizan otras versiones se les identifica inmediatamente después del texto bíblico.

Traducido por Rogelio Díaz-Díaz
Edición por Roberto Cabrera
Diseñado por Adrián Romano

ISBN 13: 978-1-58-802747-4

Categoría: Vida Cristiana

Impreso en Brasil | *Printed in Brazil*

Contenido

Introducción   7

PRIMERA PARTE: COMPRENDAMOS A LA GENTE

1. Una visión para quienes guiamos, una visión para nosotros mismos   17
2. Comprendamos nuestra historia   38

SEGUNDA PARTE: GUIAR Y AMAR A PERSONAS DIFÍCILES

3. Trastornos de la personalidad: Amar a quienes nos vuelven locos   56
4. Adicciones: Amar en la oscuridad   81
5. Amar a los necios: Cuando las relaciones se tornan desagradables   102

TERCERA PARTE: EL TRATO CON NOSOTROS MISMOS: LA MEJOR AYUDA QUE PODEMOS DAR A OTROS

6. El crecimiento que produce el dolor   126

7 Vivamos con salud:
  Descanso y flexibilidad en la vida del líder   147

8 Crecer hasta lograr un liderazgo maduro:
  El cuidado personal y el arte de "retirarse
  a solas consigo mismo"   166

  Bendición   187

  Notas   189

  Recursos   203

Introducción

Yo soy la vid verdadera, y mi Padre es el labrador.

JUAN 15:1

Seguimos trayendo mecánicos cuando lo que necesitamos son jardineros.

PETER SENGE

Usted es bendecido cuando pone en orden su mundo interior, su mente y su corazón. Entonces podrá ver a Dios en el mundo exterior.

MATEO 5:8 (*THE MESSAGE* [EL MENSAJE])

PETER SENGE, EL EXPERTO EN ORGANIZACIÓN, HA ESCRITO uno de los mejores artículos sobre el tema que yo haya leído. Quienes me conocen saben que por lo general sospecho de los así llamados "expertos en liderazgo", pero el señor Senge ha propuesto lo que parece ser una revolución copernicana; revolución que rebasa los incuestionables principios de organización y administración. Afirma que las organizaciones son, de hecho, *organismos* (seres vivos) como los jardines. Desafiando modernas suposiciones sobre el liderazgo que promueven los ambientes de trabajo, rígidos, jerárquicos y mecánicos, Senge visualiza una forma relacional y suave de guiar a las personas; forma que a mí me impacta y que considero sabia y muy necesaria.

Senge también cuestiona la sacra autoridad del presidente o ejecutivo de una empresa u organización, aquel líder incuestionable e invulnerable que ejerce su liderazgo mediante un rígido control y sumisión. Aboga por un nuevo tipo de líder que sea relacional, vulnerable, humilde, dispuesto a aprender e incluso a fallar; que lidere a través de la integridad más que por manipulación. Siendo yo un líder aún joven, las palabras del señor Senge me impactaron profundamente:

> Un cambio profundo se produce solo mediante el verdadero crecimiento personal, a través del aprendizaje y del desaprendizaje. Este es el tipo de trabajo generativo del cual la mayoría de los ejecutivos están excluidos debido a su forma de pensar mecanicista y por el culto al líder héroe. El líder héroe es el que posee "las respuestas". La mayoría de las demás personas en la organización no pueden hacer cambios profundos porque operan por sumisión más que por compromiso. El compromiso surge solamente cuando la gente determina que usted está pidiéndoles algo que realmente les importa. Por tal razón, si provoca un cambio basado en la sumisión lo conseguirá, pero excluirá el proceso más profundo que estimula el compromiso e impedirá que ocurra el cambio autogenerado. Y otra vez terminará creando un tipo de adicción: las personas cambiarán cuando se les ordene cambiar o en la medida en que sean forzadas a hacerlo. Pero como resultado serán más dependientes del cambio que viene de arriba.[1]

Recién graduado del seminario y siendo un nuevo pastor, sentí como si hubiera recibido una visión para el ministerio pastoral que nunca había sido expresada en el seminario o durante mi periodo de prácticas. En mi trabajo en un negocio pequeño y luego durante mis años de estudio en el seminario, había

Introducción

observado a muchos líderes. La mayoría de ellos eran bastante fuertes pero parecían inseguros. Pensaban que era importante ejercer el liderazgo controlando y dando órdenes, pero parecían tremendamente temerosos de ser cuestionados o de fracasar. Peter Senge dice: "Continuamos contratando mecánicos cuando lo que necesitamos son jardineros". Mientras leía sus palabras me impactó el hecho de que Jesús dijo cosas similares. Al criticar el rígido fariseísmo jerárquico de sus días, Jesús trastocó el liderazgo empoderando a los que en apariencia eran incompetentes, contando historias de viñas, de campos y de ovejas que necesitaban el cuidado sacrificial del jardinero de las almas. En otras palabras, Jesús no era el líder que ejercía su liderazgo mediante mandatos y control, sino siendo, precisamente: un jardinero de almas.

Ahora bien, debemos admitir que las órdenes y el control funcionan, al menos por cierto tiempo. Este método les da a los líderes ese ilusorio sentido de control, particularmente cuando sienten que están sobre la gente. Presumo que la mayoría de nosotros no queremos ser líderes (sugiero "opresores"). Preferiríamos no ejercer el liderazgo con puño de hierro. Pero cuando sentimos el inevitable caos interno que ocurre al dirigir a individuos, optamos por defecto por aquello que parece funcionar. La mayoría de nosotros no somos expertos en el arte de guiar a personas heridas y quebrantadas.

Tal vez usted eligió este libro porque tenía dificultades en su propio liderazgo, con la esperanza de que le proporcionara un poco más de control en medio del caos. Quizá usted al igual que yo anhela encontrar un manual óptimo que le permita comprender a la gente y solucionar sus problemas. Este libro no es ese manual. En su lugar ofrezco una visión de las relaciones humanas que le permita renunciar a esa necesidad de ejercer control. En sus maravillosas memorias tituladas

Pastor, Eugenio Peterson nos recuerda que somos llamados a ser contemplativos, no competitivos.[2] Sugiere que las personas no son problemas que deben ser solucionados, sino portadores de una imagen que debe ser conocida. Como seres pensantes procuramos ver a Dios en los momentos ordinarios, en la vida quebrantada de los demás y en nuestra propia condición humana. Ejercemos el liderazgo desde una posición de amor que exige nuestro sacrificio (el gran secreto del reino de Dios) en vez de una posición de competencia, control y manipulación.

Si el alma es un jardín al que hay que cuidar, tal como lo es toda la creación de Dios, entonces debemos acercarnos al jardín con un sagrado sentido de reverencia. Las personas son seres supremamente complejos: hermosos y quebrantados, productivos y paralizados, fructíferos y necios. Durante los últimos quince años de trabajo como pastor, profesor de seminario, terapeuta y líder de iglesia, en mis peores momentos me he sentido tentado a ver solamente los problemas y fracasos. Al examinar el cuerpo de Cristo a veces opto por un cambio cosmético rápido y fácil en vez del duro trabajo del cultivo de las almas. Con demasiada frecuencia he desechado aquel sagrado asombro y le he dado lugar al cinismo, a la autoprotección y a la reacción temerosa. Los mejores líderes con quienes he hablado admiten que alguna vez han hecho lo mismo.

En este libro discutiré el lado oscuro de la gente. Pero estoy convencido que en la economía de la gracia de Dios nada se desperdicia, ni siquiera nuestros fracasos y pecados. En nuestras horas más negras el Padre nos ve y corre con rapidez a encontrarnos con sus brazos abiertos, lleno de gozosa compasión (Lucas 15:20). Él no le teme a nuestro caos de pecado. El Gran Jardinero ve más bien una oportunidad de cultivarnos, de hacernos crecer y renovarnos. Jesús transforma nuestras pequeñas muertes de fracaso y pecado en oportunidades de redención, de crecimiento y renovación. Como lo dijo el mismo Jesús: "Ciertamente les aseguro que si el grano de trigo no cae en tierra y muere, se queda solo. Pero si muere, produce mucho fruto." (Juan 12:24 NVI). Nuestros fracasos suelen ser oportunidades para nuevos comienzos.

Los mejores líderes son sanadores de heridas

Un día decidí hacer una búsqueda en internet bajo el parámetro de mi nombre para ver lo que se decía de mí en el ciberespacio. Mientras entraba a varios sitios de la red caí en cuenta que ninguno de ellos incluía referencias a mis dolorosos fracasos y frustraciones. Desde luego que eso no era lo que buscaba ni esperaba ver bajo mi nombre en la red. Pero el hecho es que la verdad acerca de mí no se puede encontrar en los blogs y en las páginas de internet, ni siquiera en las que yo mismo he escrito. Lo que soy hoy es la suma de muchas cosas que van desde mi ADN personal, pasando por las varias personas que se han cruzado en mi vida, hasta mis luchas y fracasos.

He convertido casi en un pasatiempo el estudio de la vida de los grandes líderes cristianos, prestando especial atención a las dolorosas batallas que enfrentaron. Pienso en San Agustín, quien escribió sobre sus adicciones sexuales en sus famosas *Confesiones*; o en Santa Teresa de Ávila, que durante años sufrió de sequía espiritual; o en Charles Spurgeon, quien batallaba con una severa depresión al punto que muchas veces era incapaz de predicar; o en Catalina de Siena, cuya enfermedad crónica fue un factor importante para que se convirtiera en una líder cristiana poco común de la Italia del siglo XIV. Estas personas me hacen reflexionar sobre mi propia historia y dificultades antes de tener la presunción de comprometerme en los conflictos de otras personas. Tal vez por eso fue que me atrajo tanto el libro *Lincoln's Melancholy* [La Melancolía de Lincoln], una biografía de Abraham Lincoln por Joshua Shenk. Es ampliamente conocido el hecho de que Lincoln sufría de depresión y que en ocasiones lo sorprendían pensamientos suicidas. Pero me impactaron algunos de los detalles particulares de su historia: el fracaso, una relación rota, una ascendencia familiar imperfecta, una carga genética. No obstante, las heridas emocionales de este gran líder se convirtieron, en mi opinión, en sanidad para toda una nación.

Durante mis estudios en el seminario leí *The Wounded Healer* [El Sanador Herido], y me pregunté por qué un profesor quería que nos detuviéramos en un tópico tan morboso e inútil como nuestro propio dolor. No había duda de que yo tenía mejores cosas que hacer, por ejemplo, estudiar el idioma griego, aprender a predicar, o dominar la exégesis bíblica. No sabía que, transcurrido algún tiempo, mis propios quebrantos serían herramientas de sanidad.

Espero que este libro sea un producto de duras lecciones aprendidas. Y pido a Dios que todos seamos constreñidos a amar a los demás, no desde la cima como "expertos" y "mecánicos", que mandan y controlan, sino como líderes que conocemos nuestros propios quebrantos y que hemos hallado un abundante manantial en el profundo amor de Dios.

Un mapa vial

¿Qué es lo que vamos a explorar en este libro?

En la Primera Parte exploraremos los fundamentos básicos de cómo es que opera la gente. El capítulo 1, *Una visión para quienes guiamos, una visión de nosotros mismos*, establece el tono para el resto del libro. Si usted es un líder, verá que no

Introducción

lo defraudaré. De hecho estoy convencido de que los líderes debemos examinarnos a conciencia mientras tratamos de descubrir cómo son los demás. ¡No siga leyendo si no está listo para enfrentar lo que encontrará cuando dirija el microscopio hacia usted mismo!

El capítulo 2 se titula *Comprendamos nuestra historia*. Esta es sicología para el laico. Hay en los seres humanos mucho más de lo que podemos ver a simple vista. (Todo buen líder que he conocido es un sicólogo encubierto. De hecho, muchos líderes se esfuerzan por entender por qué las personas son como son.) Siempre nos produce un sentido de humildad reconocer lo que está ocurriendo en el interior de una persona difícil.

En la Segunda Parte, exploraremos el tema de guiar y amar a personas difíciles. Comenzaremos en el capítulo 3 con una introducción básica a los desórdenes de personalidad. ¿Ha tratado usted alguna vez con una persona narcisista? ¿Cómo debe tratar al adicto al dramatismo que asiste a su iglesia? Exploraremos los desórdenes de personalidad más comunes y cómo ser equilibrados manteniendo un sentido de cordura mientras ayudamos a los demás.

El capítulo 4 se titula *Adicciones: Amar en la oscuridad*. Por lo regular, no he encontrado algo que cause mayor confusión a los pastores que tratar con adictos. Hay en este capítulo un concepto, una nueva forma de pensar respecto a las adicciones que pienso revolucionará la manera en que usted aborda la desesperación de las personas adictas.

El capítulo 5 presenta un modelo para tratar con las personas más difíciles que pueda encontrar. Lo he titulado *Amar a los necios: Cuando las relaciones se tornan desagradables*. Resumiré todo lo que hemos aprendido hasta aquí en las tres categorías principales que revelan el corazón de un tipo de persona que la Biblia llama "insensata".

La Tercera Parte presupone que la mejor ayuda que podemos dar a otra persona es enseñarle a tratar consigo misma. Así que lo invito a acompañarme en esta jornada.

En el capítulo 6, titulado *Creciendo mediante el dolor*, cuento mi propia historia. Discutiremos la antigua idea de "la noche oscura del alma" mirando una de mis propias noches negras. A menudo nos preguntamos si Dios puede hacer algo con nuestras noches oscuras, y la buena noticia es que sí puede.

El capítulo 7 se titula *Vivamos con salud: El descanso y la flexibilidad en la vida del líder*. Creo que el concepto de salud integral es profundamente bíblico pero ha sido erróneamente relegado a la categoría de psicología popular. Así que recurro al gran predicador británico del siglo diecinueve, Charles Spurgeon, para que me ayude a revivirlo. Si alguna vez se ha sentido inclinado a practicar aquello de "guardar el sábado", prepárese para un cambio radical. Si está agotado, prepárese para descansar.

Y terminaremos con un capítulo titulado *Crecer hasta ser un líder maduro: El cuidado personal y el arte de retirarse a solas consigo mismo*. Es de vital importancia que los líderes se cuiden a sí mismos. Pero tome nota: el cuidado de sí mismo incluye una sincera evaluación personal. He tomado prestado el concepto de "retirarse a solas con uno mismo" de uno de mis escritores favoritos para hablar de una manera de explorar nuestra propia vida por el bien de la tarea de liderar a otros.

Primera parte

COMPRENDAMOS A LA GENTE

CAPÍTULO UNO

Una visión para quienes guían, una visión para nosotros mismos

El liderazgo no es un asunto de resolver problemas y tomar decisiones, es una empresa profundamente relacional que busca motivar a la gente hacia una visión que requiere importantes cambios y riesgos por parte de cada persona.

DAN ALLER

Los ministros corren un horrible riesgo… dejar de ser testigos de la presencia (del Dios vivo) en su propia vida y, en consecuencia, en la vida de la gente a la que procuran ministrar.

FREDERICK BUECHNER

Siempre es más fácil para nosotros querer purificar a otras personas e intentar una reforma moral de nuestro prójimo. Sin embargo, ¿qué tanto les hemos ayudado a ser lo que son?

CHARLES SPURGEON

> Somos guías que conducen a los más sublimes secretos
> de Dios, no guardianes encargados de protegerlos.
>
> 1 CORINTIOS 4: 1-2 (EL MENSAJE)

EL CORREO ELECTRÓNICO QUE RECIBIÓ EL PASTOR ESTABA lleno de acusaciones. Sentado frente a su escritorio batallaba con todo un cúmulo de emociones como enojo y frustración, pero mayormente con desesperación.

Jamás se había sentido tan desanimado. Al mismo tiempo, una clase en el seminario en la que, sentado en la última fila, se reía junto con sus compañeros de las historias sobre pastores deprimidos que contaba el profesor. Pensó en su mejor amigo, un exitoso plantador de iglesias quien parecía que nunca fracasaba en nada. Recordó que tres años antes su esposa lo había instado a someterse a terapia. Echó un vistazo al sermón que ya no estaba motivado a terminar. Y por primera vez, pensó: *Tal vez no estoy hecho para esto.*

Sería más fácil si no tuviera que tratar con gente

Las estadísticas muestran que el 80 por ciento de los pastores nuevos dejan el ministerio en un lapso de cinco años. Al respecto, un amigo mío comentó: "Si pudieran pastorear iglesias sin personas, podrían aguantar diez años." La mayoría de los pastores entrevistados en las encuestas dicen sentirse sobrecargados de trabajo, estresados, mal preparados para afrontar las complejidades del ministerio y sujetos a las expectativas altas e irreales de sus feligreses.[1] Mi propia investigación entre pastores que han pasado cinco años en el ministerio revela una amenaza que los afecta más que cualquier otra: las personas difíciles.[2] Durante las entrevistas muchos pastores lamentaron que en el seminario donde estudiaron se ofreció poco o ningún entrenamiento para tratar con personas difíciles. Admitieron también que no habrían entrado al ministerio si hubieran sabido lo complejo que sería.

Los problemas de agotamiento, cansancio de expresar compasión, ansiedad, depresión, adicción, dudas, en la mayoría de los líderes, pueden estar conectados con dificultades de algún tipo en las relaciones. Mis colegas en el mundo empresarial reportan hallazgos similares. Como terapeuta he aconsejado a muchos líderes en los negocios, en la política, en la iglesia, en la educación, y en muchos otros campos. Uno de mis clientes en la caótica industria de la informática, abrumado por el comportamiento disfuncional de sus jefes y de sus subalternos, dijo: "Amo a mis máquinas y ellas me aman a mí. Pero detesto a la gente, y pienso que ya empiezan a notarlo."

¿Se identifica usted con estas personas? ¿Se pregunta a veces si la vida no sería más fácil sin sus complicados empleados, o su exigente congregación, o sus líderes difíciles?

Luego, para complicar la situación, está *usted mismo*. La mayoría de nosotros podemos sustraernos del trato con los demás, por cierto tiempo, pero no podemos huir de nosotros mismos. La verdad sea dicha, somos parte del problema. Es fácil quejarnos de los fracasos y la incompetencia de quienes nos rodean, pero en los oscuros rincones de nuestra alma yacen ocultas nuestras propias excentricidades, nuestras deficiencias y nuestra incompetencia. En medio de los "problemas de las personas" con las cuales tratamos y nuestras propias deficiencias, a menudo parece imposible encontrar una salida al caos de la disfunción humana. Esta situación socava lentamente nuestro idealismo respecto a cómo debería ser el liderazgo.

Después de invertir dos años haciendo una Maestría en Divinidades, una serie de experiencias difíciles en mi propia vida me impulsaron a buscar un título de Master en Artes y Consejería. El primer semestre en los talleres de consejería escuché historias de hombres y mujeres que habían sufrido abuso, traición y adicciones; historias de parejas al borde del divorcio y de hijos que sufrían el caos de sus familias. Entonces mi idealismo respecto al ministerio pastoral comenzó a disiparse. Yo había ido al seminario imaginando que algún día me sentaría en una oficina grande, rodeado de libros, que hablaría los domingos a un grupo de fervorosos "seguidores" que tomarían notas de mis brillantes sermones. ¡Una visión demasiado grandiosa!

Mi visión de la gente era racionalista y mecánica: Yo predicaría un sermón, ellos escucharían, y la iglesia crecería. Yo les suministraría información teológica sólida y algunos patrones de comportamiento probados y comprobados, y los feligreses madurarían. Pero lo que aprendí durante aquellos dos años críticos fue que para liderar a las personas tenemos que ayudarlas a descubrir *una visión para sí mismas*. Dios no creó a los seres humanos para que funcionaran como máquinas; para muchos de nosotros esta es una notable revelación. Ser humano es vivir en relación con Dios y con los demás. Ser humano es algo complejo, caótico y mucho más difícil de lo que alguna vez imaginamos que sería.

La necesidad de una visión

Poco a poco empecé a ver a las personas no como máquinas que hay que reparar sino como seres humanos a los cuales es necesario cuidar. Uno de estos descubrimientos ocurrió al

Una visión para quienes guían, una visión para nosotros mismos

comienzo de mi carrera ministerial cuando una amiga me dio un sabio consejo. Me encontraba cansado en mi vida pastoral, fatigado por las personas complicadas que procuraba ayudar. El más desalentador para mí fue un ejecutivo narcisista con sus peroratas en nuestras sesiones de consejería pastoral, acusando a su esposa como si fuera un fiscal, incluso intimidándome por cualquier fisura que veía en mi armadura pastoral. "Chuck, usted es joven —me dijo una vez con una sonrisa condescendiente. Ha estado casado solamente durante un corto periodo de tiempo y probablemente no entiende lo que es soportar los locos cambios temperamentales de una mujer". Era un maestro de la intimidación y yo no estaba seguro de cómo manejar la situación. Parte de mí sólo deseaba salir de ella.

En una reunión con mis compañeros de consejería les conté mi triste historia, esperando de ellos tanto simpatía como la manera de salir de este caos de cuidado pastoral. Entonces fue cuando mi amiga dijo algo tan cierto y profundo que me transformó, sentí como si hubiera penetrado en la oscuridad de mi percepción.

"Sabes, él también tiene su historia."

Mi primer pensamiento fue: *Umm, ¿y qué de mí? La víctima aquí soy yo. ¿No hay un poco de compasión para el pobre terapeuta de este tonto?*

Rápidamente deseché aquellos sentimientos y le pregunté qué es lo que quería decir. "Él tiene una historia, me dijo. ¿No siente un poco de curiosidad al respecto?" Con una sola pregunta ella re-humanizó a aquel hombre. De inmediato, en mi alma brotó la compasión cuando cavilaba sobre la historia de su vida. ¿Habrá sufrido burlas en algún momento? ¿Habrá sido víctima de abuso? Y cuán impotente debó sentirse interiormente para apabullar con tal agresividad a las personas que más amaba.

Nuestra reacción natural cuando tratamos con personas difíciles es exigir arrepentimiento, idear estrategias de ayuda u ofrecer sabios consejos para corregirles. Pero trabajar con la gente demanda una clase de visión especial. Requiere que veamos el cuadro completo. Ya sea que estemos tratando con un solo individuo o con toda una congregación o compañía, nuestro reto es mantener en mente una perspectiva amplia. El liderazgo visionario no actúa por reacción. Rehúsa ofrecer con arrogancia la solución o la respuesta correcta. Guiar o liderar con visión exige más bien *que nos relacionemos* con la gente. Dan Allender escribe al respecto:

> El liderazgo no es un asunto de resolver problemas y tomar decisiones; es una empresa profundamente relacional que busca motivar a la gente hacia una visión que requiere importantes cambios y riesgos por parte de cada persona. Las decisiones son simplemente las puertas a través de las cuales entran tanto los líderes como quienes los siguen, para llegar a la tierra en donde se puede hallar la redención.[3]

El liderazgo se apoya en las relaciones y requiere que asumamos riesgos. Estoy convencido de que el liderazgo visionario, el liderazgo relacional, es la base de la postura cristiana; sin embargo, todos tenemos una preocupante inclinación hacia la inmadurez relacional. Yo mismo veo con cuánta facilidad mi actitud se torna cínica, displicente, juzgadora y reaccionaria. Me doy cuenta con qué rapidez soy tentado a contraatacar a la persona que me envía un correo electrónico criticándome, a juzgar a quien no progresa con suficiente rapidez, o a impacientarme con quienes, estando bajo mi dirección, no hacen exactamente lo que yo pienso que deberían hacer. Nuestra jornada hacia el trato compasivo con personas difíciles no solamente requiere

Una visión para quienes guían, una visión para nosotros mismos

conocer un poco más de los demás, sino también que nosotros mismos nos conozcamos mejor.

Una visión para nosotros mismos

Charles Spurgeon, el predicador urbano del siglo XIX, dijo una vez: "Siempre es más fácil para nosotros querer purificar a otras personas e intentar una reforma moral de nuestro prójimo." Pero inmediatamente agregó: "Sin embargo, ¿qué tanto les hemos ayudado a ser lo que son? Si son degenerados, ¿cuánta de esa degeneración es el resultado de yo haber caído de aquella alta posición que debí haber ocupado?"[4]

Lo que quiso decir Spurgeon es que las personas son caóticamente complicadas, y que la humildad es nuestra mejor medicina. Mientras que Donald Trump con arrogante seguridad personal lidera los índices de *rating* de la televisión despidiendo gente con dramatismo en su programa, los líderes que de veras se ganan nuestro respeto como Desmond Tutu, la Madre Teresa, Nelson Mandela y Abraham Lincoln muestran una notable capacidad tanto para ser fuertes como humildes.

Esta humilde fortaleza exige que avancemos hacia una comprensión más madura de nosotros mismos, pero al hacerlo nos enfrentamos a uno de los mayores retos de nuestra vida. Mientras que sorprendentemente es fácil quejarnos de las personas con las cuales trabajamos y a las cuales dirigimos, nos es mucho más difícil admitir la parte que nos corresponde de esta disfunción. No podremos ejercer bien nuestro liderazgo si no comprendemos a cabalidad nuestras propias motivaciones, incompetencias y temores.

Hace algún tiempo di consejo a alguien que había recibido una serie de comentarios negativos de su supervisor. La queja principal era que este hombre tenía dificultades en la relación con sus compañeras de trabajo. De nuestra conversación deduje que buscaba alguna validación de su conducta, y esperaba que yo estuviera de acuerdo en que las mujeres eran el problema, no él. En la hora que pasamos juntos tomé tiempo para preguntarle acerca de su crianza familiar y cómo se llevaba con su mamá, sus hermanas y las mujeres con las cuales había tenido alguna relación. Estaba probando un poco para estar seguro, porque algo de santa paciencia y curiosidad es necesaria en los consejeros. No solamente ofrecemos soluciones, también hacemos preguntas significativas.

Descubrí que aquel hombre era el menor de una familia compuesta por cuatro chicas, siendo el único varón. Por cuanto había sido molestado con frecuencia y a menudo discriminado, creció con un oculto resentimiento contras sus hermanas y era bastante incapaz de comprender los sentimientos de temor e inseguridad que surgían en él cuando se encontraba en medio de mujeres. Mientras hablábamos sus ojos comenzaron a abrirse. Por primera vez empezó a examinar su propia vida y su historia, identificando cosas importantes de su pasado que continuaban siendo parte de su presente. Lágrimas brotaban de sus ojos al recordar su niñez marcada por la soledad, el temor y el resentimiento oculto. Pero luego ocurrió algo notable. Aunque hubiera sido suficiente que explorara su propio dolor, empezó a afligirse también por las mujeres que habían hecho parte de su vida: novias y compañeras de estudio y de trabajo que muchas veces fueron víctimas de sus reacciones y menosprecio.

En el corto lapso de una hora, este hombre empezó a comprenderse a sí mismo en una forma que nunca antes había ocurrido. Y mientras la jornada de autocomprensión apenas comenzaba, él se encaminaba hacia una mayor madurez en todas sus relaciones. Como líderes necesitamos comprender a los

Una visión para quienes guían, una visión para nosotros mismos

demás. Pero también necesitamos reconocer nuestros propios puntos ciegos. Si no lo hacemos, proyectamos en otros nuestros problemas y disfunciones no resueltos y causamos mucho daño a quienes están bajo nuestro liderazgo. A menudo pienso en lo providencial que fue un temprano encuentro que tuve con un terapeuta, quien me dijo que si no recibía consejería yo sería un pastor peligroso. Mi reacción inmediata fue a la defensiva; pero en mi propia labor terapéutica, la profundidad y extensión de mis puntos ciegos se revelaban una y otra vez. A lo largo del camino he necesitado, por supuesto, algunos empujoncitos. Frederick Buechner, el pastor y escritor presbiteriano, ha sido un instrumento vital en mi propia jornada. Hace muchos años sus sabias palabras me encaminaron con gentileza hacia la comprensión de mí mismo durante un tiempo cuando luchaba con el agotamiento y el enojo, y cuando mi familia y mis amigos estaban sintiendo los efectos de esa lucha. En sus escritos, el señor Buechner decía:

> Los ministros corren el horrible riesgo... de dejar de ser testigos, en su propia vida y, en consecuencia, en la vida de la gente a la que procuran ministrar, de la presencia del Dios vivo que trasciende todo lo que piensan que saben y pueden decir de él; que está lleno de extraordinarias sorpresas. En cambio tienden a convertirse en profesionales que dominan todas las técnicas de la religión institucional y que hablan de asuntos espirituales con lo que a menudo parece un máximo de autoridad y un mínimo de vital involucramiento personal. Sus sermones suelen ser tan sosos e insípidos como inocuos. La fe que proclaman ya no parece arraigada, ni nutrida, ni retada en su propia vida, sino que carece de anclas, es de segunda mano y está carente de pasión.[5]

Buechner diagnostica continuamente mi propia tendencia a vivir sin visión, haciendo caso omiso de mis propios temores e inseguridades. Pero también me recuerda que cuando vivo de esa manera, puedo convertirme en un líder peligroso que actúa con gran control y certeza, con poco sentido de mi propia vulnerabilidad y conciencia de sí mismo. Es interesante que los expertos seculares en administración reconocen cada vez más que la conciencia sincera respecto de uno mismo es la espina dorsal de un liderazgo sano. En *Leadership and Self-Deception* [Liderazgo y Autoengaño], el exitoso libro del *Arbinger Institute*, el autor afirma:

> El autoengaño... nos hace ciegos a las causas verdaderas de los problemas, y una vez que esto ocurre, todas las "soluciones" que podemos imaginar en realidad empeoran las cosas. Ya sea en el trabajo o en el hogar, el autoengaño oscurece la verdad acerca de nosotros mismos, distorsiona nuestra visión de los demás y de las circunstancias y afecta nuestra capacidad para tomar decisiones sabias y útiles. En la medida en que nos auto engañamos, nuestra felicidad y liderazgo corren peligro en cada esquina.[6]

En cambio, la conciencia sincera respecto de uno mismo nos puede llevar hacia una mayor transparencia, la cual es pilar de un liderazgo eficaz.[7] A pastores y líderes les causa sorpresa cuando enseño este concepto. Estamos condicionados a creer que la sincera conciencia sobre uno mismo y la transparencia son subproductos de un liderazgo débil. Los principios de "desarrollar un cuero duro", "de mantener a los amigos cerca, y a los enemigos más cerca todavía", y de "tener sus cartas a mano", parecen representar la sabiduría por largo tiempo aceptada respecto al liderazgo exitoso. Pero el profundo discernimiento de los líderes seculares de hoy revela una verdad muy diferente.

Los líderes más eficaces muestran integridad, ejercen el liderazgo con transparencia y cultivan la confianza de sus dirigidos.

De modo que el reto es este: tenemos que lograr una mayor visión de nuestra propia vida, producto de una sincera comprensión personal, y un sentido claro de la manera en cómo los temas relevantes de nuestras historias pasadas se repiten en el presente.[8] Como lo veremos en las páginas siguientes, mirar al interior de nuestra propia vida es inherente a liderar y amar bien a los demás.

Sustancialmente relacional

Vivimos en una época revolucionaria. La creencia modernista del control y la precisión se está desvaneciendo a medida que tanto el universo como los seres humanos muestran que son más complejos de lo que alguna vez imaginamos. Tal vez estamos redescubriendo la sabiduría del libro de Job, en el cual las respuestas aparentemente "correctas" no afectan el dolor real ni realizan un cambio también real (véase Job 6), frustrando a aquellos que como nosotros hemos dedicado nuestra vida a impactar a otros.

Hoy, los neurólogos están redescubriendo lo que los psicólogos reconocieron hace treinta años y lo que el escritor del Génesis escribió en las primeras páginas de las Sagradas Escrituras, algo que los místicos cristianos de la antigüedad ya sabían: que somos en esencia seres *relacionales*. Esta es una realidad alarmante para quienes prefieren un modelo más racional y mecánico. Estamos descubriendo que desde que nacemos hasta que morimos nuestro cerebro prospera o languidece de acuerdo con la salud de nuestras relaciones. Como lo afirma Curt Thompson: "Estamos redescubriendo el proceso de reflexionar y de contar a otros su historia, y lo que experimenta cuando los demás la escuchan, en realidad moldea la historia y las correlaciones o redes neurales que representa".[9] Dios, quien es una Trinidad y la máxima comunidad relacional, nos diseñó a su propia imagen, como seres integrados y relacionales.

Las personas anhelan con vehemencia mayor comprensión relacional de sí mismas y de los demás. Recientemente, fui invitado a dictar una conferencia en la Escuela de Leyes de la Universidad de San Francisco. Esperaba una asistencia de diez a doce personas, la mitad de ellas cristianas. Pero cincuenta estudiantes de leyes llenaron el salón, la mayoría de ellos escépticos que querían oír a un pastor hablando de las tentaciones de Jesús en el desierto. Procedí a explicar que la vida es caótica. Hablé de cómo somos atraídos en diferentes direcciones por una cacofonía de voces que compiten entre sí, todas demandando lealtad a las mismas cosas que tentaron a Jesús: el deseo de ser especiales, exitosos y seguros. Hablé de lo importantes que es para las relaciones escuchar la voz de Dios, sobre todo en esos momentos en que pasamos por desiertos, de escuchar de manera meditativa y contemplativa, tal como los místicos cristianos lo enseñaron. Incluso, relacioné esta actitud de vida con algunas nuevas investigaciones en el campo de la neurosicología interpersonal, con una estrategia sicológica llamada "mente despierta", que es una forma de estar plenamente presentes en el momento y con las personas con las cuales se interactúa.[10]

Mientras hablaba esbocé una visión de las relaciones humanas arraigadas en nuestra profunda identidad como portadores de una imagen, creados por amor y para amar. Pregunté en voz alta cuáles podrían ser las implicaciones para los abogados, a quienes se tilda de individuos engañosos y carentes de moral en sus relaciones. Después de la conferencia se me acercó un profesor, y me preparé para ser corregido por la diatriba de un abogado; en cambio me dio las gracias repetidamente y me dijo que los profesores de leyes están descubriendo ahora la importancia de las relaciones sanas y de una presencia despierta y consciente en un mundo motivado fundamentalmente por poses y politiquería. *"Sencillamente funciona,* me dijo. *La gente responde mejor."* Apreció la conexión que hice con la fe cristiana histórica; pero agregó que, en su opinión, los cristianos parecen ser los "menos presentes y despiertos mentalmente" y las personas "más condenadoras". Posteriormente me invitó a hablar otra vez en la escuela de leyes en un futuro. Estaba yo asombrado. Aunque tal vez no debía estarlo. Después de todo, los relatos bíblicos arrojan mucha luz respecto de nuestra esencia, de nuestro conflicto primario, así como de la máxima restauración relacional. Y si toda verdad viene de Dios, ¿quién puede decir que los líderes, los científicos, los médicos, los sicólogos, inclusive los profesores de leyes, no podrían descubrir esa misma verdad? Los mejores pensadores de la actualidad están redescubriendo el hecho de que somos esencialmente relacionales, seres cuya narrativa debe reflejar la narrativa maestra de Dios.

Una gran historia que hunde sus raíces en la relación

Para los cristianos, la historia comienza, por supuesto, con Dios: un Dios relacional que existe en una "Trinidad" eterna y por cuyo amor se dio a sí mismo. "Dios es una cierta clase de comunidad continua e indivisible", dijo Basilio de Cesarea (330-379).[11] Y los seres humanos fueron creados "muy buenos" a la imagen de este Dios trinitario y relacional (Génesis 1:27), hechos en relación con Dios y para tener relación con Él y con toda la creación. Amorosa independencia. Eterno dar y recibir. Así es como se planeó que fuera. Al correr de la historia, el estado original de "perfección" de los seres humanos dio un giro trágico cuando, quienes eran la corona de la creación de Dios, se rebelaron. Rechazaron la sincera relación amorosa que Él planeó que tuvieran y se decidieron por el engaño, la negación, la traición, la culpa, la alienación y otros comportamientos negativos. En el capítulo 3 del Génesis encontramos en las relaciones los clásicos comportamientos disfuncionales que continúan plagando la humanidad en nuestros días.

Así como la "enfermedad" es relacional, así es el remedio máximo. Dios vino en cuerpo humano para cerrar la brecha, para cautivar de nuevo el corazón de su Novia extraviada y para preparar el camino para la reconciliación. Dios no envió un memorando, un libro de texto o una declaración doctrinal. Envió a su propio Hijo en un gesto de amor sacrificial carente de egoísmo. Él envió a Jesús no solamente a redimir corazones sino a restaurar relaciones y a reconstruir la confianza. Que no nos sorprenda, entonces, que los psicólogos y neurobiólogos estén descubriendo la Gran Historia trágica en la forma de vías neurales interrumpidas, o que los médicos, los profesores de leyes, y otros, estén tropezando con la verdad que revela la "verdadera historia del mundo entero"[12] grabada en el ADN de la creación.[13] Vivimos tiempos alentadores y emocionantes.

Es tiempo de que empecemos a ejercer el liderazgo desde una posición relacionalmente sana e íntegra, de la manera que Dios planeó que lo ejerciéramos.

Ejerzamos el liderazgo de la manera que Dios lo planeó

La historia cristiana declara que fuimos diseñados como individuos relacionales y para tener relaciones sanas. La mayoría

Una visión para quienes guían, una visión para nosotros mismos

de las dificultades y la complejidad de la vida humana tienen conexión con un rompimiento fundamental de nuestras relaciones con Dios y entre prójimos. El concepto de "pecado original" expresa un misterio que nadie puede negar: el mundo es un lugar descompuesto. Cuando un bebé emerge del ambiente seguro del vientre materno, inmediatamente es empujado a un mundo de caos y conflicto, y no puede evitar las decepciones y dificultades de la vida humana.

Desde la perspectiva cristiana, lo que los sicólogos y terapeutas llaman "relaciones saludables", realmente es redirigirnos hacia el diseño original del Creador. Aunque los conocimientos terapéuticos y psicológicos pueden ayudar, finalmente no pueden sanar. El problema radica en el fondo de nuestro ser, en esa ruptura fundamental de relaciones que la Historia Cristiana describe de manera tan conmovedora. Solamente descubriendo la bendición original de una sana relación entre Dios, los seres humanos y sus demás criaturas maravillosas, podríamos encontrar la plenitud una vez más. Aprender de nuevo las dinámicas de relaciones saludables cambia a las parejas, a los grupos, incluso a las grandes organizaciones.[14]

Gran parte de la historia del Éxodo, que narra cómo Dios liberó a su pueblo tras siglos de esclavitud en Egipto, habla de la necesidad de restaurar relaciones. Las acciones y las leyes de Dios desafiaron cada aspecto de la forma en que los hijos de Israel se relacionaban con él y entre ellos mismos durante su jornada a través del desierto. Tal vez esa jornada duró tanto porque los israelitas, al igual que nosotros, se resistieron al cambio que era necesario. Y así como los israelitas necesitaron un líder clave como Moisés, que les ayudara a entender las intenciones de Dios para su vida en comunidad, así nosotros necesitamos pastores y líderes que continúen desempeñando un papel decisivo para lograr esa comprensión en nuestros días. Es interesante que la Biblia describa a Moisés como "más manso que todos los hombres que había sobre la tierra." (Números 12:3)

Los líderes establecen el tono de las relaciones. No solamente al liderar y predicar reflejamos el diseño original de Dios, sino también cuando estamos tomando una taza de café, durante una sesión de consejería pastoral o al revisar las acciones de otros. Si ocultamos de alguna manera nuestra propia humanidad debajo del barniz de la competencia o el poder, perderemos nuestra capacidad de liderar. Cuando fallamos en ejercer el liderazgo desde una posición de humildad, repetimos la trágica traición relatada en la historia de la creación original. Viviremos motivados por el temor, la autoprotección y el control, en vez de ser inspirados por la integridad, la transparencia y la confianza. Al respecto, Dan Allender comenta: "Esta es la extraña paradoja del liderazgo: *mientras más intenta usted ocultar o disimular sus debilidades, mayor será su necesidad de controlar a las personas que dirige, más inseguro se tornará y mayor rigidez impondrá provocando finalmente la partida de sus mejores individuos.*"[15] Como lo dice Allender, esto en realidad es una paradoja porque la mayoría de nosotros ha escuchado que debemos liderar ejerciendo autoridad y no permitir "nunca que nos vean como débiles". Pero realmente lo que necesitamos hacer es *ser humanos* y al mismo tiempo estimular a otros para que también sean plenamente humanos.

En cierta ocasión, hablé con una dama que es miembro de una junta directiva, y me contó de su creciente conflicto con el ejecutivo de la organización que también era miembro de la junta. Ella había estado presionando por una mayor honestidad en medio de varias situaciones escandalosas del personal. Con valentía y sinceridad señaló que existía falta de confianza en el liderazgo. No lo hizo con enojo o de manera acusadora sino, por el contrario, en buen tono y con humildad, haciendo del problema un asunto de todos y no sólo del director ejecutivo. La respuesta del líder de la corporación fue atrincherarse y pelear. En la siguiente reunión de la junta se paró frente al grupo y les dio un discurso sobre la lealtad, insinuando que cualquier presión o crítica significaba deslealtad. Estableció nuevas políticas que en esencia acallaban cualquier oportunidad de participación sincera. Su decisión de dar preeminencia a las reglas por encima de las relaciones, sin admitir nunca la posibilidad de alguna debilidad o juicio equivocado, solo sirvió para desmoralizar a la junta y provocar la renuncia de algunos miembros, así como una temerosa lealtad de los demás.

Cuando siendo líderes creamos ambientes de trabajo o congregaciones en las cuales reinan el temor o la ansiedad, quizá logremos sumisión y lealtad, pero será lealtad ciega, ansiosa y tal vez abusiva. La tragedia, por supuesto, será que una vez más estemos adoptando la misma línea de acción torcida y equivocada que la humanidad ha seguido durante milenios; una línea de acción basada en el temor autoprotector y el control, más que en la humildad y la confianza.

Implicaciones del liderazgo

Cuando fallamos en ejercer el liderazgo de una manera que refleje el diseño original de Dios para las relaciones, nuestros patrones patológicos de temor, autoprotección y control pueden llegar a sistematizarse, incluso a institucionalizarse. A veces asesoro a organizaciones enredadas con estos patrones malsanos de liderazgo y encuentro cuatro formas principales:

- **Liderazgo motivacional.** Los líderes motivan a las personas para que logren metas. Pero cuando la motivación se convierte en una técnica artificial que busca provocar una determinada respuesta, su resultado es la deshumanización. Piense en el pastor de una gran iglesia que cree que mantener a la gente positiva y optimista contribuye al crecimiento y florecimiento de la congregación. Se especializa en predicación motivacional los domingos, y convierte las reuniones con su personal en sesiones de aplauso. Aunque el resultado pudiera parecer positivo, por algún tiempo, este estilo tiene el efecto sicológico de crear una atmósfera en la cual "nunca se oye una palabra desalentadora" y solamente el éxito y el positivismo son bienvenidos. Surge una brecha entre el líder y sus seguidores que finalmente erosiona la confianza y, paradójicamente, también erosiona la motivación.

- **Liderazgo mecánico.** El liderazgo mecánico depende de las técnicas. Algunos líderes devoran continuamente los últimos libros publicados sobre estructuras y sistemas de liderazgo. En vez de admitir con sinceridad la existencia del temor y las dificultades, suelen esconder su ansiedad relacional tras la fachada de sistemas eficaces. Pero los sistemas y las organizaciones, aunque son importantes, no efectúan cambios profundos; un constante cambio de sistemas, entre otras cosas negativas provocará ansiedad y terminarán por erosionar la confianza. Aunque para cualquier organización es importante establecer con cuidado buenos sistemas, siempre debemos tener presente la tendencia humana de escondernos tras las técnicas.

- **Liderazgo manipulador.** El liderazgo manipulador es darwinismo social: la supervivencia del mejor dotado en un mundo en donde el más fuerte se come al más débil. Los líderes manipuladores usan incentivos no apropiados para estimular el desempeño, a menudo a expensas de una relación sincera. En una ocasión aconsejé a un exhausto pastor asociado, cuyo jefe, el pastor decano, medía el éxito por el número de bautizados y de asistentes a la iglesia. Este pastor usaba con mucha efectividad el sentimiento de culpa para motivar a su equipo y su congregación a "hacer más para Dios". Incluso ofrecía bonos anuales a los miembros de su equipo que lograran el mayor número de bautismos. En esencia reducía el evangelio a un producto que se debía vender, en vez de ser un tesoro que se debía compartir. El liderazgo manipulador a veces adopta una metodología basada en el concepto de que "el fin justifica los medios."

- **El liderazgo moralista.** Este tipo de liderazgo utiliza la percibida autoridad moral para intimidar y provocar conformismo y aceptación. Un pastor me llamó una vez para cuestionar la forma en que yo estaba aconsejando a una pareja de casados de su congregación. Después de algunos cumplidos espirituales (tales como, *Hola hermano, oro por que Dios lo esté bendiciendo hoy…*), procedió a recitar unos cuantos versículos bíblicos escogidos con sumo cuidado y que supuestamente refutaban mi enfoque. Su propósito no era discutir o consultar, sino forzar un cambio basándose en su autoridad espiritual. Por cuanto los líderes morales dan la impresión de que nunca se equivocan, la verdad es que quienes están bajo este tipo de liderazgo constantemente se cuestionan a sí mismos.

Sometiendo nuestra necesidad de manejar la vida

Cada uno de estos estilos de liderazgo es un intento por manejar el mundo usando una estrategia arraigada en el control en vez de la forma, a veces riesgosa y vulnerable, de liderar con humildad y transparencia. La paráfrasis que Eugenio Peterson hace de Romanos capítulo 9 describe los riesgos del liderazgo a través del control:

> En vez de confiar en Dios, *ellos* asumieron el control. Lo que hacían los absorbió por completo. Estaban tan absortos en sus "proyectos de Dios" que no notaron que Dios estaba en frente de ellos como una inmensa roca en mitad del camino, y tropezaron con él. *(The Message)*.

Todos los sistemas de liderazgo disfuncionales y malsanos tienen una cosa en común: se basan en la ansiedad y el control. Ronald Richardson describe un modelo más saludable cuando discute el sistema emocional de las iglesias:

> Los sistemas emocionales son como ésos artefactos móviles que mantienen su balance sobre un punto determinado. Cualquier movimiento hacia su centro de gravedad, o fuera de él, afecta el balance del móvil. Esto es más evidente en las partes más cercanas a la parte superior del móvil (el grupo de líderes), y solo un poco menos en las partes cercanas a la base.

> Las iglesias que funcionan mejor tienen líderes que se sienten menos amenazados por el normal desbalance que ocurre en su interior (ansiedad aguda), y más seguros en medio del errático movimiento del móvil, mientras están en contacto con todas las partes del mismo. Mientras más cercanos están estos calmados líderes a la cúspide del

móvil, mayor es el efecto tranquilizador que ejercen sobre toda la congregación. Y mientras más amenazados e inseguros se sienten generalmente los líderes (ansiedad crónica), más perturbada estará la congregación.[16]

A medida que sigamos el diseño de Dios y vivamos de acuerdo con la visión relacional que él estableció en la creación, descubriremos que esos momentos de ansiedad y temor desaparecerán. Sí, por supuesto, seguiremos teniendo conflictos; pero lucharemos sincera y genuinamente en comunidad y en la presencia de un Dios que nos invita a arriesgarnos a vivir como adultos maduros y seres humanos saludables. Al vivir de acuerdo con esta visión, no solamente evitaremos el agotamiento sino que comenzaremos a disfrutar la alegría de liderar a personas difíciles como nosotros mismos.

CAPÍTULO 2

Comprendamos nuestra historia

Preferimos la ruina en vez del cambio, morir con
nuestros miedos, que escalar la cruz del momento, y
dejamos que nuestra ilusión se muera.

W. H. AUDEN

A pesar de todo lo que usted ha logrado, La vida rehúsa
siempre concederle inmunidad contra sus dificultades.

DAVID WHYTE

Esa luz verdadera,
la que alumbra a todo ser humano, venía a este mundo.
El que era la luz ya estaba en el mundo,
y el mundo fue creado por medio de él,
pero el mundo no lo reconoció.
Vino a lo que era suyo,
pero los suyos no lo recibieron.
Mas a cuantos lo recibieron,
a los que creen en su nombre,
les dio el derecho de ser hijos de Dios.

JUAN 1:9-12 NVI

Comprendamos nuestra historia

D<small>E UNA U OTRA MANERA, TODOS REFLEJAMOS LA ANTIGUA</small> historia de la creación. Nuestras vidas comienzan en un jardín, pero pronto nos encontramos en un desierto "al oriente del huerto de Edén" (Génesis 3:24). De la comodidad y seguridad del vientre de nuestra madre, emergemos a un mundo en el cual no podemos evitar el fracaso, la frustración y la ansiedad. El poeta y pastor rural George Herbert, escribió: "Lloré cuando nací, y cada día muestra el por qué".[1] Salir del idílico paraíso del vientre materno ciertamente causa un sobresalto. Después de haber visto a mi esposa dar a luz a dos bebés, puedo decirle que éstos no tenían una expresión muy divertida cuando emergieron en el aire frío en medio de luces intensas. Pero casi inmediatamente descubrieron seguridad en los brazos de su madre.

En el momento del nacimiento comienza una batalla llena de lágrimas y alegrías, de temor y seguridad. Como padre uno trata de hacer lo mejor para reflejar el amor incondicional de Dios, pero la verdad es que fallamos. Recuerdo la primera vez que Emma, mi dulce pequeña recién nacida, se rodó del diván en donde la cambiaba mientras yo alcanzaba un pañal. Estaba decidido a ser un padre cuidadoso, atento siempre a las necesidades de mis hijos. Pero tal como lo dice mi poeta favorito, "a pesar de todo lo que usted haya logrado, la vida se niega a garantizarle inmunidad de sus dificultades, y siempre se negará a hacerlo."[2] A pesar de mis logros y mi determinación, he fallado una y otra vez.

No podemos proteger perfecta y absolutamente a nuestros hijos. Ni debemos hacerlo. El crecimiento exige que todos tropecemos y caigamos, y nos pongamos otra vez en pie. Aprendemos cuando nos dicen lo que no debemos hacer, pero también cometiendo errores a pesar de lo que nos hayan dicho. Esto es cierto tanto en los padres como en los hijos.

Todos caemos, todos fallamos y todos crecemos en el proceso. Richard Rohr escribe al respecto: "Primero viene la caída y luego la recuperación de la caída, y en ambas se manifiesta la misericordia de Dios. Es en las caídas que aprendemos casi todo lo que tiene importancia espiritual."[3] Ningún hijo sale ileso de la niñez. Existen las graves heridas causadas por abuso, abandono o descuido. Estas son brutales para el alma humana. No obstante, incluso los hijos que han tenido la mejor crianza tienen que aprender a afrontar las vicisitudes de la existencia. También ellos necesitan descubrir estrategias para sobrevivir a través de las curvas de la vida.

En este capítulo ofrezco un paradigma básico y bastante franco para comprender a la gente, siendo unas de las claves entender el temprano proceso de navegar por los recodos y las vueltas de la vida.

Una hermosa complejidad

Aprender que las personas son complejamente más hermosas de lo que yo me había dado cuenta me ha sido de gran utilidad a través de los años. En el marco teológico simplista de mi temprana edad, figuraba que la gente peca, que el pecado es malo y que el arrepentimiento humano es la vía de escape. Sin embargo, Dios nos ha creado mucho más complicados. La psicología revela este hecho en colores vívidos; pero la Biblia nos cuenta la historia también.

Cuando el salmista dijo: "Porque tú formaste mis entrañas; tú me hiciste en el vientre de mi madre" (Salmo 139:13), estaba diciendo que nuestra vida comienza, como en la antigua historia de la creación, en un jardín, en perfecta bondad. Los teólogos la llaman la "bondad original" y necesariamente esta precede al "pecado original". Sin bondad original estaríamos perdiendo esa clave extraordinaria de la identidad humana: la imagen de Dios. Ella es la que nos constituye en seres humanos relacionales y con propósito. Somos relacionales en cuanto a que reflejamos la Trinidad, que es Dios en relación. Fuimos hechos varón y hembra (Génesis 1:27), para vivir en comunidad y para la comunidad, para amar a Dios y al prójimo.[4] El haber sido creados a la imagen de Dios también le confiere un sentido de dignidad tanto a nuestra identidad como a nuestra tarea. Somos embajadores del Rey, llamados a anunciar y a vivir el benevolente reino de Dios en el mundo.[5] Esas son buenas noticias. Y eso es más original que cualquier otra cosa que se diga respecto de nosotros.

Las implicaciones de esta verdad son inmensas para quienes pastoreamos y lideramos gente. No importa cuán fuerte sea nuestro conflicto con otro ser humano, jamás debemos mirar a esa persona sin recordar su identidad y su propósito originales, y eso incluye a las personas más difíciles que usted lidera:

- La dama que se sienta en primera fila en su iglesia a tomar notas y luego el lunes en la mañana le envía un correo electrónico con todas sus críticas.

- El empleado quejumbroso que está siempre esperando un aumento salarial, un cumplido u otro día libre.

- El socio que lo traicionó y se llevó la mitad de los clientes de su empresa después de desfalcarlo.

Dios nos creó a su imagen —¡idea gloriosa!—; pero todos participamos del abandono de esa identidad original. La historia bíblica de Adán y Eva y la serpiente es una historia familiar aunque usted nunca haya leído el relato bíblico. La conoce porque la ha vivido. Yo la he vivido. Todos hemos oído aquella voz que dice *De seguro usted se sentiría más satisfecho con* (llene este espacio con conocimiento, éxito, buena apariencia, riquezas...), *que con lo que Dios le ha dado...* . Cambiamos nuestro diseño original por una imitación barata, aunque no siempre sabemos en el momento que lo hacemos.

¿Eso significa que su hijito precioso es un sucio y corrompido pecador, como dirían algunos teólogos? Definitivamente no. Eso sería perder de vista el asunto en cuestión. Como lo declara el venerado Catecismo de Heidelberg: "Dios los creó (a los niños) buenos y a imagen suya." Pero de alguna manera cada niño está atrapado en el gran misterio de la corrupción del mundo: hemos nacido en un mundo inevitablemente hermoso y corrompido, y nosotros también somos hermosos y participamos de esa condición corrupta del mundo. La historia de Adán y Eva llega a ser nuestra historia.[6] James Finley lo explica de esta manera:

> De un lado hay una gran verdad, que desde el primer momento de mi existencia la profunda dimensión de mi vida es que fui hecho por Dios para vivir en unión con él mismo. La profunda dimensión de mi identidad como ser humano es que soy partícipe de la misma vida de Dios, tanto ahora como en la eternidad en una relación de indecible intimidad. De otro lado, mi propia experiencia diaria imprime en mí la dolorosa verdad de que mi corazón ha escuchado a la serpiente en vez de escuchar a Dios. Hay algo en mí que pone hojas de higuera de ocultación, que mata a mi hermano, que edifica torres de confusión, y que trae caos cósmico sobre la tierra. Hay algo en mí que ama las tinieblas más que la luz, que rechaza a Dios y de ese modo rechaza mi propia y profunda realidad como ser humano hecho a la imagen y semejanza de Dios.[7]

Comprendamos nuestra historia

Esta es nuestra historia personal y universal. Pero, ¿cómo se desarrolla? Desde el principio mismo, Dios ha "ensamblado", por así decirlo, o diseñado a un niño para que sin cesar reciba y responda. Aun sin saberlo, el cerebro de un recién nacido está intensamente activo, procesando el complejo mundo que le ha dado la bienvenida. Pero no se da cuenta que ha nacido en un mundo aterrador; que ha heredado lo mejor y lo peor de papá y mamá; que está atrapado desde el comienzo entre la belleza y la descompostura. Papá y mamá hacen lo mejor que pueden, dado el temperamento particular de la criatura, para proveerle amor, seguridad, nutrición, refugio y sustento. Pero ellos mismos son víctimas de esa misma descompostura.

Estas tempranas interacciones son, de hecho, las más importantes que tendremos en la vida. Es difícil hacer que la salud o la integridad dependan de un evento o periodo de tiempo particular en la vida, pero esto es lo más cercano a un momento de éxito o de ruina. Nuestra primera dependencia o encariñamiento con quienes nos dan los cuidados básicos establece la tónica para el resto de nuestra vida. Nuestras experiencias tempranas, especialmente las traumáticas, producen un impacto duradero.

> Una niñez repleta de sufrimientos se graba en la mente como rastros codificados de dolor. Aun un recuerdo tangencial de esos sufrimientos puede provocar un estallido de sentimientos, pensamientos y expectativas desagradables. Como si despertara a un perro guardián, el adulto que sufrió abuso cuando niño puede sentir cerca las garras aterradoras de los recuerdos, ante un mero indicio de sus antiguas circunstancias.[8]

Los teóricos del apego o encariñamiento nos han enseñado que a medida que crecemos, nuestra forma de relacionarnos emerge de esas tempranas e importantes relaciones de la niñez. Hablan de hijos que son dependientes seguros o inseguros, y eso lo vemos diariamente en nuestras relaciones con los miembros de nuestras familias, con nuestros empleados y aún con nuestras congregaciones. Un niño inseguro en su dependencia aprende a relacionarse con el mundo de diferentes maneras. En primer lugar, quizá se relacione de una manera *ansiosa* o *ambivalente*, o de ambas formas, y le sea difícil separarse de su mamá, subir al autobús escolar o hacer tareas por sí mismo. A la vez, es difícil consolarlo cuando regresa a la presencia de papá o mamá. Como adulto puede ser inseguro en sus relaciones, preocupado por ser amado y siempre temeroso de perder algo. Todos conocemos personas que siempre están buscando expresiones positivas de nuestra parte.

En segundo lugar, se relaciona con los demás con una actitud *prevenida*, y muestra poca o ninguna diferencia entre uno de sus padres o un extraño. Como adulto muestra poca capacidad para una verdadera relación o intimidad. Todos conocemos personas que se apartan a su propio rinconcito sin hacer mucho ruido, pero cuya desconexión impacta al grupo. Finalmente, se relaciona con los demás de manera *desorganizada* y muestra un vacilante patrón de conexión y retraimiento. A menudo este estilo aparece como una generosa actitud paternal que adopta hacia otros cuando adulto, en detrimento de sus propias necesidades emocionales. Todos conocemos al voluntario que se ofrece para todas las tareas, pero que parece solitario y vacío.

En contraste, la mayoría de los psicólogos creen que los individuos seguros y dependientes muestran cuando son niños una saludable capacidad para estar tanto con papá y mamá como separados de ellos. A medida que crecen, éstos son capaces de separarse y desarrollar su propia personalidad. Como adultos pueden relacionarse sanamente con los demás sin necesidad de excesiva atención, afirmación y aprobación, y sin adoptar actitudes autoprotectoras o de rechazo a algunas relaciones. Conviviendo entre individuos seguros, estos hombres y mujeres pueden relacionarse de manera sana, segura y con madurez.

Recuerdo la importancia de estas realidades cada vez que trato de "arreglar" la vida de alguien a quien procuro ayudar. Tengo la tendencia a ofrecer algún buen consejo o tal vez una o dos estrategias de comportamiento, lo que en sí no es algo malo. Pero lo que ahora sabemos es que el modo en que nos relacionamos es mucho más complicado; que no somos perros que se pueden entrenar con rapidez, sino seres humanos moldeados en la matriz de las relaciones. Curt Thompson describe esta matriz de las relaciones diciendo que "la manera en que nos adherimos a otros moldea las redes neurales, que son los vehículos del proceso de adherencia o dependencia en uno mismo. Estas redes neurales refuerzan entonces las mismas dinámicas interpersonales, las cuales nos llevan a adherirnos o a depender de otros en forma muy parecida a como lo hicimos con nuestros padres."[9]

Conociendo esta complejidad relacional, ¿no sería lógico mostrar un poco más de curiosidad cuando tratamos con los demás? En vez de arreglar o reparar a la gente que lideramos, ¿no tendría más sentido tomar tiempo para conocerla?

Miremos nuestras vidas

Siendo que el mundo es un lugar complejo y enloquecedor en sus relaciones, todos inevitablemente encontramos maneras tanto buenas como improductivas de navegar en él. Seamos o no dependientes seguros, no podemos evitar jugar el juego original de Adán y Eva de ocultarnos cuando enfrentamos una situación difícil.

Veo esto en mis dos hijas de once y doce años de edad. Pienso que ambas son bastante sanas; pero a veces pueden jugar con su madre y conmigo sencillamente asumiendo diferentes personalidades según las diferentes situaciones. No están tratando de engañarnos, sencillamente están actuando como seres humanos. Abrigo la esperanza de que siempre estén conectadas a un centro seguro, ese núcleo de identidad en Dios modelado de forma imperfecta en nuestra relación con ellas. Pero sé que las dos tienen sus luchas. Con la escuela intermedia vienen el acné, la presión de sus compañeros y todo tipo de dramas. Pero con egos seguros y estables, relaciones fuertes y mucha gracia de Dios, confío que serán como muchos de nosotros: desordenadas pero santas, luchadoras hermosas, pecadoras pero santificadas.

Sin embargo, algunas personas nunca desarrollan ese tipo de núcleo estable en la edad temprana. Un caso típico es el de una de mis clientes a quien llamaré Madeline.

En sus primeros años ella parecía inteligente y confiada y se relacionaba bastante bien con sus amigas y generalmente ayudaba al desvalido, y en ocasiones también a sus profesores. Los adultos que interactuaban con ella elogiaban su aparente madurez y disposición a ayudar. Pero una mirada más exhaustiva a su vida mostró una historia diferente. Durante la terapia reconoció que en sus primeras relaciones con su papá y mamá, a ella se le abandonó a su suerte. Sus padres trabajaban, y aunque confiaba que ambos la amaban, también tuvo que aprender a defenderse por sí misma. En ocasiones sentía como si fuera ella la que estaba criando a sus tres hermanos más pequeños. Su independencia nació de la necesidad de mantener la casa en orden durante las frecuentes ausencias de sus padres.

Madeline acudió a mí en busca de terapia porque era infeliz en su matrimonio. Su esposo siempre le decía: "Tú continuamente estás actuando como si fueras mi madre. ¿Qué pasó con la mujer que conocí, la chica divertida y sensible que me adoraba y que yo recuerdo?" Pero parecía que Madeline desconocía la respuesta. Todo lo que sabía era que a veces se sentía enojada, como si todo en su hogar, su trabajo y su vida familiar tuviera que hacerla ella sola. Aunque en la iglesia ella siempre mostraba una sonrisa y era voluntaria para diferentes causas, pensaba dentro de sí: *Tengo que hacer esto porque si no, nadie más lo hará.*

No me tomó mucho tiempo hacer una evaluación de lo que estaba ocurriendo. Madeline había perdido muchos años atrás el carril de sus propias necesidades. Sus padres se interesaban profundamente por ella pero no sabían cómo expresar su amor. Ella interiorizó un sentido de responsabilidad por sí misma y asumió el control de su mundo. Sin saberlo, elaboró en sus primeros años intrincadas "hojas de higuera" para cubrirse. Madeline dijo darse cuenta que "una parte de mí murió otra vez, una parte de mí que era una chica tierna, inocente y necesitada." Trató de divertirse un poco en la universidad y vivió sus mejores años durante su noviazgo con Jeff, quien ahora es su esposo. Pero pronto cayó otra vez dentro de su *desorganizado* estilo de encariñamiento, ocultando sus propias necesidades en lo profundo de su ser y viviendo con una relación en exceso responsable hacia los demás. Hoy es una mujer infeliz que se siente involucrada excesivamente en las decisiones de su esposo y sus hijos, incapaz de separar su felicidad de la de ellos, y haciendo un esfuerzo para mantener —apenas— un bajo nivel de enojo y depresión.

Como muchos de nosotros Madeline tuvo padres que no eran malos o abusadores. No necesitaba vivir su vida buscando a quienes culpar. Pero su jornada hacia la madurez exigirá que ella mire dentro de su vida y que se abra y trate con la historia que la formó y que ahora la guía.

La bolsa larga e invisible que arrastramos tras nosotros

El gran poeta William Wordsworth escribió en cierta ocasión:

> *El cielo se extiende sobre nosotros en nuestra infancia,*
> *y las sombras de la casa prisión comienzan a cernirse*
> *sobre el chico que crece.*[10]

El poeta y escritor Robert Bly cuenta la historia de nuestras vidas con una convincente metáfora, una historia de "la bolsa larga e invisible que arrastramos tras nosotros".[11] Mi versión es más o menos así: muy al comienzo de nuestra niñez empezamos a darnos cuenta de que el mundo puede ser un lugar difícil. Mamá nos dice: *Ben, mis buenos muchachos, no se enojen*, o papá dice: *Elisa, no puedes salir de la casa con tu cabello en ese estado. ¿Qué pensará la gente?* O como en el caso de Madeline, nuestros padres pueden estar muy ocupados como para decirnos algo. Papá y mamá no están tratando de lastimarnos adrede, pero como chicos no tenemos conocimiento de su perspectiva más amplia. De modo que Ben guarda su enojo en una "bolsa invisible" donde acumula todas sus experiencias no tan agradables; partes de sí mismo que no quiere que el mundo vea. Tal vez Elisa guarda un poco de su libre vitalidad en la bolsa. Y Madeline puso en la bolsa su juventud, su inocencia y su yo hambriento de atención, mientras se concentraba en hacer felices a sus padres y hermanos.

Cada historia es diferente. Nosotros ponemos en la bolsa lo que nuestras familias, nuestros amigos y nuestra cultura consideran inaceptable. Para el tiempo de la escuela secundaria ya hemos puesto bastante en la bolsa invisible. Las presiones de la escuela elemental e intermedia han hecho que estos chicos, ahora adolescentes, hayan almacenado partes de sí mismos. Han desarrollado una considerable división interna. Lo así llamado "malo" es escondido, y lo considerado "bueno" llega a ser la persona pública. Lo que las primeras personas que le prodigaron cuidado aprobaban es valorado, y lo que no era aprobado se esconde bajo la alfombra. Como lo dice el psicólogo y teólogo espiritual David Benner: "En algún punto de la niñez todos hacemos el poderoso descubrimiento de que podemos manipular la verdad acerca de nosotros mismos".[12] En una misteriosa combinación de elección consciente o de inconsciente capacidad de adaptación, desarrollamos una persona aceptable, un falso yo que mantiene al verdadero yo profundo y oculto protegido de la desaprobación de los demás.

Para el tiempo en que nos encontramos a la mitad de la vida, para la mayoría de nosotros, incluso para los mejor adaptados, nuestra bolsa ya se ha vuelto pesada. En nuestro exigente mundo de relaciones, empleos, expectativas espirituales (la lista es hace interminable), hemos aprendido a jugar bien este juego. Emergen a la superficie diversas partes nuestras en diferentes situaciones. A menudo somos tan inconscientes o ignorantes de nuestro verdadero yo que perdemos contacto con nuestro profundo ser interior. Entonces, tal vez oímos una insinuación en un sermón o la leemos en un libro, y nuestro corazón se conmociona. Por un momento somos conscientes de que la vida es algo más grande, que nuestro corazón profundiza aún más. Aun si es tan sólo un eco de una tierra distante y desconocida, ello es algo. Frederick Buechner lo dice bien:

> La vida nos golpea y nos modela en diversas formas, pero esa personalidad original con la cual nacimos y con la cual creo que continuamos en alguna medida a pesar de todo, todavía refleja el eco de la santidad que la originó. Creo que lo que Génesis sugiere es que este yo original, con la impronta del dedo de Dios todavía sobre nosotros, es la parte más esencial de lo que somos y yace en lo profundo de todos nosotros como una fuente de sabiduría, fortaleza y sanidad, la cual atraemos o no sobre nosotros dependiendo de la elección que hagamos al hacer uso de nuestra terrible libertad.[13]

Al llegar a la edad intermedia de nuestra vida se hace necesario mirar dentro de la bolsa, si no lo hemos hecho todavía. La edad nos confronta con la realidad del marchitamiento de la juventud, por ejemplo, arrugas, músculos que duelen o pérdida de flexibilidad. Algunos que quieren casarse continúan solteros, y algunos casados preferirían la libertad de la soltería. Los hijos crecen y las deudas también. Las expectativas suben, *Invierta. Trabaje duro. Obtenga un aumento salarial. Pierda peso. Recomponga sus relacione.* Con razón la llaman la *crisis* de la mitad de la vida.

Para Madeline la ruptura ocurrió cuando tuvo su tercer hijo. Exhausta por las demandas de sus muchas actividades como voluntaria, y los rigores de la maternidad, arremetió un día contra su esposo y contra la vida, exclamando "¡Renuncio!" Afortunadamente Jeff era un individuo bastante seguro en sus relaciones, que vio la declaración de su esposa solamente como un paso de ella en dirección hacia la libertad. Acudió a mí procurando terapia para sí mismo y trabajó duro en cuanto a sus propias respuestas y reacciones en su matrimonio. Jeff respondió bien. Animó a Madeline a seguir adelante y a renunciar

Comprendamos nuestra historia

por una semana o algo más de tiempo. Luego le sugirió que buscara mi consejo. En este punto ella tenía que hacer una elección. Abrir su bolsa invisible y explorar su yo olvidado, o podía ignorar la bolsa y continuar viviendo y actuando con un *falso yo*. De hecho, todos tenemos esa misma opción. Abrir la bolsa produce libertad y sanidad. Descubrimos que nuestro agotamiento, depresión o ansiedad se deben, en gran parte, a la pérdida de ese auténtico y olvidado yo. Cuando el verdadero yo comienza a emerger de nuevo, empezamos a relacionarnos con Dios con una sinceridad que derriba muros y permite que una vida resucitada surja dentro de nosotros. Entonces, junto con el Rey David podemos declarar: "Crea en mí, oh Dios, un corazón limpio (no dividido)." (Salmo 51:10).

Si rehusamos abrir la bolsa, ya sea por temor o desesperación, aumentamos la distancia entre nosotros y Dios, y entre nosotros y las demás personas. No oímos otra cosa que disonancia en nuestras almas. De manera inquietante el poeta W. H. Auden describe esta fatídica elección que muchos de nosotros hacemos:

> *Preferimos ruina y no cambio,*
> *y en el terror morir,*
> *a escalar la cruz del momento y permitir,*
> *a las ilusiones vivir.*[14]

Esta es la vida no examinada. Nos la jugamos con la esperanza de que nuestras relaciones no mueran y nuestras carreras subsistan.

Tomás Merton, el monje y prolífico escritor del siglo veinte, dijo que cada uno de nosotros es "opacado por una persona ilusoria: un *falso yo*." Lo trágico es que este *falso yo* privado:

> Quiere existir fuera del alcance de la voluntad y del amor de Dios... y tal personalidad no puede ser más que una ilusión. De ahí que yo utilice mi vida, deseoso de placeres y sediento de experiencias, de poder, de honra, conocimiento y amor, para vestir este falso yo, y de su inexistencia hacer algo objetivamente real. Pero no hay sustancia bajo las cosas con las que estoy vestido.[14]

Sin embargo, con un poco de valor podremos abrir la bolsa invisible. Tal vez lo hagamos con un amigo o amiga, con el cónyuge o con un terapeuta, y descubramos recursos interiores que ignorábamos que teníamos, todos concedidos originalmente por causa de la imagen de Dios en nosotros. Quizá nuestra epifanía venga en un momento de adoración cristiana, en los ritmos litúrgicos de confesión y comunión, o a través de una visión mejor comunicada por la Palabra de Dios en la que se nos recuerda nuestra identidad real y nuestro propósito.

La "bolsa larga e invisible" es una metáfora que nos ayuda a usted y a mí a reconocer que sí tenemos una historia; una historia que ha sido escrita en el contexto singular de nuestras familias y comunidades, pero que adquiere sentido solamente a la luz de la Gran Historia. Abrir la bolsa no es comprometernos con alguna técnica terapéutica vacía por el bien de nuestra realización personal. No. La invitación es a mirar nuestras vidas a la luz de la Gran Historia de Dios. La invitación es a plantearnos las siguientes interrogantes:

- ¿Cómo me escondo?
- ¿Cuál es mi único conjunto de hojas de higuera?
- ¿Cómo ha contribuido mi crianza particular a formar este conjunto de hojas de higuera?

- ¿Puedo creer que Dios realmente quiere verme y conocerme en mi totalidad, incluyendo mis partes oscuras?
- ¿Qué curiosidad surge con relación a los demás y cómo es que ellos se ocultan?
- ¿Soy constreñido a tener una mayor compasión por la historia de los demás?

Dios nos invita a realizar este extraordinario trabajo, tanto en el plano individual como dentro de la comunidad de nuestras iglesias.

Después de que pecaron, Dios saludó a Adán y a Eva en el huerto de Edén con estas palabras: "¿Dónde estás tú?" Y el Espíritu nos hace la misma pregunta a nosotros y a las personas a quienes guiamos. En realidad responder a esta pregunta nos toma toda una vida. Pero Dios se ha comprometido a encontrarnos, a amarnos y a restaurarnos por el bien de la belleza y la bendición de su reino.

Segunda parte

GUIAR Y AMAR A PERSONAS DIFÍCILES

CAPÍTULO 3

Desórdenes de la personalidad: Amar a quienes nos vuelven locos

La meta al tratar con ogros no es destruirlos ni aislarlos sino convertirlos en discípulos. Aun cuando tal cosa parece algo improbable.

MARSHALL SHELLEY

Lo que yo más temía era… el desastre de ser encerrado en la oscuridad de mi propio temor.

FREDERICK BUECHNER

El ministerio hace morir en nosotros las necesidades de nuestro ego: el deseo de éxito y de poder, y el persistente deseo de sentirnos competentes y en control.

ANDREW PURVES

HABIENDO EXPLORADO LA HISTORIA BÍBLICA DE LA BELLEza y descomposición que heredamos como seres humanos, ahondaremos ahora en uno de los aspectos que a menudo encontramos en las personas difíciles: la caótica realidad de los desórdenes de personalidad. Este es el término que los sicólogos y siquiatras usan para describir ciertos cúmulos de patrones de relación excepcionalmente severos. De entre los puntos básicos que he visto que impactan en líderes y pastores están los de la siguiente lista:

- Trastorno de Personalidad Narcisista (TPN)
- Trastorno de Personalidad Limítrofe (TPL)
- Trastorno de Personalidad Obsesiva-Compulsiva (TPOC)
- Trastorno de Personalidad Histriónica (TPH)

Los expertos definen un Trastorno de Personalidad como un "patrón duradero de experiencia y comportamiento interior que se desvía notablemente de las expectativas de la cultura del individuo, que es dominante e inflexible, que aparece en la adolescencia o al comienzo de la edad adulta, que es estable a través del tiempo y causa aflicción y perjuicio."[1] En términos teológicos, los trastornos de personalidad reflejan ese patrón relacional crónico y de largo término que Martín Lutero describe como *homo incurvatus in se*, esto es, "personas enfocadas en sí mismas".

Las personas afectadas por Trastornos de Personalidad no pueden desempeñarse como sanos portadores de la imagen de Dios, dando y recibiendo amor. Por el contrario, han desarrollado maneras torcidas de obtener lo que necesitan aparte de Dios y mediante su propio control. En los primeros tiempos de la iglesia, los teólogos hablaban del pecado y los deseos desordenados, enfatizando no tanto el acto o la acción del pecado sino los patrones y pasiones habituales que se desarrollan a través del tiempo. Aquí estamos hablando de algo muy similar: de patrones y hábitos que se forman a través del tiempo y secuestran nuestro más profundo deseo de amar a Dios y al prójimo.

Mi primer profesor de consejería en el seminario nos advirtió: "Las personas con trastornos de personalidad son las que harán que muchos de ustedes abandonen el ministerio." Cualquier pastor o líder que haya servido en el ministerio por más de cinco años le dirá que tales personas son lo más difícil en lo que tiene que ver con el liderazgo. En la iglesia estamos algunos con trastornos de personalidad, tales como:

- El fastidioso feligrés que da mucho pero lo molesta con correos diarios pidiendo datos y detalles específicos de la contabilidad de la organización. Es incapaz de ver su propia obsesión y de darse cuenta que sus correos sólo le causan ansiedad y tensión al pastor.

- El voluntario que pasa años elogiándolo y apoyándolo; pero luego se vuelve brutalmente en su contra y envía a todo el mundo en la iglesia correos con críticas hacía usted.

- El líder de música problemático que parece actuar como imán en todas las crisis de su iglesia.

- El individuo influyente que lo intimida cuando usted le presenta un desafío en una sesión de consejería conyugal, le exige ver todas sus notas de cada sesión y lo amenaza con conseguir un abogado que lo investigue a usted y a la iglesia.

- El líder que parece tan dedicado a usted y a la organización; pero resulta atrapado en infidelidad sexual y financiera. Esto conmociona a su familia y destruye la confianza y la lealtad de la organización.

- El miembro antagonista de su equipo que parece socavar cada decisión suya, y junto con otros engendra desconfianza y sospechas.

Desórdenes de la personalidad: Amar a quienes nos vuelven locos

Cada vez que describo a estas personas en mis conferencias, veo a pastores y líderes que asienten y al parecer sienten alivio al darse cuenta que no están solos en sus luchas diarias con hombres y mujeres afectados por los trastornos de personalidad. He visto muchas veces las lágrimas de algunos líderes que admiten cambios de temperamento, enojo, depresión e insomnio mientras luchan por llevarse bien con colegas trastornados.

Durante años, los expertos creyeron que el pronóstico de cambio para personas afectadas con Trastornos de Personalidad era mínimo, en el mejor de los casos. Hoy, un enfoque terapéutico más integral lleva hacia un nuevo enfoque más optimista.[2] Los Trastornos de Personalidad siempre exigirán la inversión de una importante cantidad de tiempo para lograr cambios reales. A diferencia de los trastornos temperamentales, como son la depresión o la ansiedad, los Trastornos de Personalidad están profundamente arraigados en el carácter de la persona y requieren terapia, oración, disciplina espiritual, inclusive medicación. No obstante, en este capítulo deseo ayudar ofreciendo algunos conceptos sobre cómo guiar, pastorear y aconsejar a personas que sufren trastornos de personalidad.

Como lo afirma sabiamente Marshall Shelley, al reflexionar sobre los varios "ogros" que fastidian a los pastores, "la meta al tratar con ogros no es destruirlos, no solamente aislarlos, sino convertirlos en discípulos, aun cuando eso parezca un objetivo improbable."[3] Mis reflexiones son meramente introductorias, pero espero que lo animen a tener mayor esperanza, visión, sabiduría y compasión por personas a quienes Jesús recibe, ama, y tal vez llama discípulos.

Mi enfoque ha sido criticado en ocasiones por personas dentro de la iglesia que piensan que minimizo el rol del pecado, así como por gente del mundo de la sicología que piensa lo contrario, que enfatizo demasiado el pecado y la responsabilidad.

Confío que este enfoque nos ayude a reconocer que todos somos más complicados de lo que pensamos; que podemos ser a la vez víctimas y victimarios, y que el amor de Dios es lo suficientemente grande tanto para sanar nuestras heridas como para perdonar nuestros pecados. Si no podemos tener una visión de las personas más quebrantadas entre nosotros, tal vez el cinismo de nuestros corazones está necesitado de algún tipo de sanidad.

El narcisista

Un narcisista (el término se deriva de la palabra griega ναρκη, que significa "entumecido" o "adormecido") es alguien que ha perdido el deseo dado por Dios de amar a otros y vivir para ellos, enfocando su atención sobre sí mismo, viviendo enamorado de su propia imagen. En otras palabras, un individuo narcisista es un adorador de sí mismo, insensible a su más profundo deseo (que fue infundido en él) de amar a Dios y ser amado por él.[4]

Puede ser el vendedor motivado por su imagen, o el arrogante empresario, o el pastor adicto al éxito, o el político interesado, o el presidente de la Asociación de Padres y Maestros, o el bloguero en internet. El narcisismo se manifiesta de muchas maneras. Por lo regular, se muestra seguro y confiado, pulido y profesional. Puede ser confiado y descarado, extravagante y fuerte. De hecho, la primera indicación de que estoy en presencia de un narcisista es lo que quizá yo siento: a veces envidia, en ocasiones inseguridad, otras veces una oleada de poder y dominación. Los narcisistas son expertos en hacer que otros se sientan continuamente incompetentes.

Recuerdo el cliente que una vez vi mientras dictaba un seminario. Estacionaba su auto intencionalmente en el estacionamiento asignado al presidente cuando estaba desocupado;

entraba por la puerta pisando fuerte, con la camisa desabrochada, una cadena de oro en el cuello, su vellosidad pectoral expuesta, sencillamente ignorando a quienes lo saludaban. Me llamaba "Doctor", pagaba en efectivo solamente y nunca quería un recibo, porque un papel podría descubrirlo y alertar a otros respecto a que él estaba recibiendo terapia. Sin embargo, mientras se quejaba de las muchas personas en su vida que habían fallado en vivir de acuerdo a sus estándares (incluyéndome a mí, estoy muy seguro), realmente nunca pudo ver más allá de su trágica seguridad egocéntrica, la persona vulnerable que había en su interior.

Como lo señalé en la primera parte, muchísimo de lo que ahora somos se deriva de la manera en que nos adaptamos, protegemos y manejamos en los ambientes de nuestra temprana niñez. Recordar esto es particularmente importante mientras exploramos al narcisista. El sicólogo James Masterson expone una teoría según la cual "la personalidad narcisista se basa en un ego defensivo, que quien lo posee tiene que mantenerlo inflado como un globo para no sentir la furia y la depresión subyacentes, asociadas con un sentido de incompetencia y fragmentación del yo."[5] El narcisista jamás se equivoca, a menos que el reconocimiento de su error sea, por supuesto, una bien calculada manera de manipular una situación. El reconocimiento sincero de pecado o fracaso fracturaría de tal forma su ego que su vida, tal como él la conoce, no podría continuar.

La personalidad narcisista se ve a menudo en individuos influyentes, ya sea en la iglesia, en la política, los medios de información u otros escenarios prominentes. Cuando tal persona sufre una caída espectacular, inevitablemente nos planteamos preguntas. ¿Cómo pudo ocurrir que un candidato presidencial como John Edwards tuviera una aventura sentimental, y quizá usara mal los fondos de la campaña, mientras que su esposa sufría y agonizaba? ¿Cómo pudo ser que todo un personaje de la radio, aparentemente impenetrable como Rush Limbaugh, fuera adicto a los tranquilizantes? Los más poderosos entre nosotros suelen ser los más susceptibles.

En casi todos los narcisistas con los cuales trabajo veo una mezcla de poder mal utilizado y una baja empatía o compenetración con los demás. Los hombres y mujeres narcisistas suelen relacionarse y aparentar que apoyan a los demás, pero en última instancia actúan solamente por su propio beneficio. Cuando entran a un recinto notan a la persona más importante que esté y solo la ven como un competidor al cual deben derrotar. El narcisista en una organización o una iglesia suele ser una persona influyente, que juega el juego de las buenas relaciones mostrándose interesado y encantador. Suele aproximarse a uno en una reunión o a un grupo de alguna iglesia y hace preguntas personales. Pero pronto la fuerza gravitacional recae sobre él. Monopoliza la atención y parece sincero en primera instancia; pero se torna más y más interesado a medida que pasa el tiempo. Es optimista, a excepción de cuando trata con alguien que conoce bien (su cónyuge, un empleado o un niño). En este último caso puede llegar a ser condescendiente. En su grupo se muestra interesado y comprometido hasta que la acción toma una dirección con la cual él no está de acuerdo; luego despliega un enojo tal que lo toma a uno por sorpresa.

En su ministerio o posición de liderazgo a usted le resultará estimulante la personalidad del narcisista, hasta que sufre su ira. Ante sus amistades alardeará de sus logros; pero rara vez mostrará interés en la vida y luchas de los demás. Vive desconectado de su propio dolor, inseguridad y temor, porque, en última instancia, eso es lo que el narcisismo revela. Mientras exhibe poder, superioridad, cinismo ante el fracaso y una necesidad de controlarlo todo, en su interior el narcisista no puede fallar en su trabajo, en sus relaciones o ante sus amistades. Pero bajo su poderosa e impresionante fachada exterior yace una profunda inseguridad. Por supuesto, los narcisistas están completamente inconscientes de su lucha interior, y solo podemos orar para que se den cuenta de ella a tiempo.

Tal vez esta descripción haga que usted se sienta algo desesperanzado y se pregunte ¿Es posible ayudar a los narcisistas? ¿Pueden cambiar? Habiendo trabajado con ellos durante dieciséis años como objeto en la práctica de mi especialización en consejería, desafortunadamente he encontrado que algunos jamás renunciarán al poder a cambio de una relación vulnerable en la que puedan existir verdadera sinceridad y humildad. No obstante, a través de los años también ha aumentado mi esperanza al ver que el poder redentor del amor de Dios produce sanidad sustancial entre aquellos con los cuales he trabajado.

En primer lugar, quienes luchan con una personalidad narcisista pueden sanar solamente *en comunidad*. La esposa que procura cambiar por su cuenta a un esposo emocionalmente abusivo y narcisista está librando una batalla perdida. Debido a que los narcisistas están tan preocupados por su imagen y su posición en una comunidad (o aun dentro de sus familias), la presión de esa comunidad puede motivarlos a cambiar. Dicho lo anterior, alguien con un diagnóstico de Trastorno de Personalidad Narcisista también requiere terapia.[6]

La iglesia, como una comunidad redentora, amorosa pero firme, puede ser también un importante agente de sanidad. Su adoración, y especialmente la mesa de la comunión, pueden ser un lugar de bienvenida y sanidad para que el narcisista que sea capaz de verse a sí mismo como miembro de la comunidad de personas que son tanto quebrantadas como amadas. La confesión puede ser una invitación semanal a la humildad. Los cristianos que viven como una comunidad cruciforme, modelados por la vida y la muerte de Cristo, son un reto para el orgullo arrogante del narcisista (1 Corintios 1:18-31), porque en muchos aspectos la personalidad narcisista es la antítesis de una vida cristiana cruciforme.

En segundo lugar, he descubierto que aunque a veces es necesario confrontar abiertamente al narcisista, (particularmente en casos en que los miembros de la familia han sido lastimados o abusados), hacerlo es casi siempre contraproducente. El falso yo del narcisista tiene poder precisamente porque ha experimentado la negativa carencia de poder que contiene con rigor la bolsa invisible que arrastra tras de sí. Aunque en ocasiones es necesaria la confrontación, ésta suele llevarlo solo a una actitud defensiva. La persona que esté considerando la posibilidad de la confrontación, debe tener en cuenta su costo potencial.

Encuentro que un mejor enfoque implica comunicar al narcisista lo que veo y siento respecto a su vulnerabilidad. Veo esto como una aproximación por la puerta de atrás, como una forma de esquivar el ego defensivo del corazón vulnerable que hay en su interior. En cierta ocasión le dije a uno de mis clientes: "Siento como que quiero admirarlo, pero me siento desconectado de usted. Siento como que usted ha determinado que seamos competidores, pero yo no quiero serlo. Siendo sincero, lo que quiero es encontrar un lugar seguro donde usted no tenga que estar a la defensiva. Tal vez podamos tenerlo".

Con frecuencia he descubierto que hombres y mujeres que libran estas luchas anhelan secretamente cambiar la postura narcisista por una prueba de genuina conexión. Como usted y como yo, ellos tienen sus historias. Muchos han sido lastimados en sus primeros años y han soportado esas heridas convirtiéndose en rudos, poderosos y arteros. Pero me doy cuenta que los clientes más duros están tan inseguros y temerosos que se arriesgarían a tener una conexión.

Reflexionando sinceramente sobre su propia vida, el pastor y escritor Frederick Buechner escribió una vez: "De todo lo que yo más temía era… el desastre de quedar encerrado en las tinieblas de mi propio temor."[7] Es útil saber que almas sabias como Buechner también tienen sus conflictos. Quizá demos la apariencia de fortaleza y de que somos invencibles, pero todos llevamos máscaras bien elaboradas y autoprotectoras. Por eso es que todos podemos encontrar esperanza y sanidad en un Salvador que se hizo débil para que nosotros pudiéramos tener en él fortaleza y dignidad.

En tercer lugar, es importante determinar si un narcisista puede o está dispuesto a reconocer el impacto que ha causado en otros, aunque sea solamente en parte. Me he dado cuenta que un bajo grado de conciencia puede hacer mucho y abrir las puertas para realizar un trabajo terapéutico profundo, y lograr así algún nivel de arrepentimiento. Es importante identificar la "zona de daños", como yo la llamo, que ha causado el narcisista e invitarlo a asumir responsabilidad por ella. Si es un líder en un escenario colectivo, su daño colateral implicará su terminación. Tratar con el narcisista en la iglesia es un poco más difícil.

Los pastores deben tener el valor de entrar dentro del caos y enfrentar el daño que el narcisista ha causado a su familia, a la congregación, al liderazgo y a la reputación de la iglesia. Veo que siempre es más fácil tratar con un narcisista que tiene pocas conexiones con otros y que ha causado poco daño, que con uno que está enredado en una comunidad que ha sido traumatizada por él. Los pastores deben lograr un equilibrio entre la protección a la comunidad y cualquier acción contra el autor del daño. Esta es una de las cosas que hacen tan difícil el pastorado. Sin algo de conciencia y arrepentimiento de parte del narcisista se hace necesario aplicar una gran cantidad de amor. Siendo que he estado involucrado en muchos casos tristes de disciplina en la iglesia, he visto con frecuencia la necesidad de una fuerte respuesta comunitaria a un narcisista obstinado.[8] Pero con quienes muestran aunque sea un pequeño sentido de conciencia, una acción más suave y compasiva produce a veces mejores resultados.

Los narcisistas tienen la capacidad de sabotear su grupo, su iglesia o su organización. La pregunta es: ¿Los esquivará o ignorará, o hará frente a la situación dándoles la oportunidad de ver su propio pecado, no a través de una lucha de poderes sino mediante una amorosa relación? Aunque la mayoría de los narcisistas se resisten, también he visto a muchos que no solamente reconocen su propio caos y sus destructivos efectos, sino que se convierten en personas extraordinarias y humildes. Recuerde que la falta de empatía y la afición al poder, esconde en los narcisistas una inseguridad profunda y subyacente. La bolsa invisible que arrastran tras de sí es una carga en su vida. Admita que muy pocas personas han tenido el coraje o se han tomado el tiempo para ser curiosos, para inquirir sobre su historia o para acercarse a ellos. Y recuerde que cuando un narcisista reconoce o admite el peso de su carga y sus destructivas consecuencias para los demás, se arrepiente y empieza a cambiar, surge un yo nuevo y humilde que tiene la capacidad de amar y servir genuinamente.

Dios está en el negocio de la redención y la restauración. Cuando nos relacionamos con el narcisista con amorosa sinceridad, estamos uniéndonos a Dios en su obra de redención.

La Personalidad Limítrofe

Cuando en 1981 se proyectó por primera vez en los cines la película *Mommie Dearest* [Querida Mamita], muchos abrieron sus ojos a un fenómeno psicológico que en el pasado era del dominio únicamente de los psicólogos. En la cinta, la actriz Joan Crawford personificó a una madre talentosa pero psicológicamente compleja cuya confusa vida interior traumatizó a su hijo y a su hija. La confusa dinámica del "estira y afloje" cobró vida en la pantalla gigante. Muchos se identificaron con la brillante representación de esta madre trastornada quien de un lado prodigaba un amor generoso a sus hijos y del otro abusaba de ellos emocional y físicamente.

Seguramente cualquier padre puede identificarse con el amor y enojo alternos que siente hacia sus hijos, pero los giros emocionales de una Personalidad Limítrofe son mucho más intensos y drásticos. El manual de psicología para la comprensión de los trastornos mentales, conocido en inglés como el DSM-IV, anota que el "Trastorno de la Personalidad Limítrofe [TPL] se manifiesta mediante un invasivo patrón de inestabilidad de las relaciones interpersonales, la autoimagen, y los afectos, y que una marcada impulsividad empieza a comienzos de la edad adulta y se presenta en diversos contextos."[9] Sigue diciendo que el comportamiento limítrofe puede estar marcado por una variedad de manifestaciones: desesperados esfuerzos por evitar el abandono, un patrón de relaciones interpersonales inestables e intensas, una autoimagen inestable, impulsividad (como por ejemplo, realizar gastos desaforados, ser promiscuo sexual, consumir drogas ilícitas, conducir con imprudencia, comer desordenadamente), pensamientos suicidas recurrentes, reactividad, sentimientos crónicos de vacuidad o desolación, incluso de estrés relacionado con paranoia.

Debido a la dificultad de trabajar con esta personalidad, he oído decir a algunos excelentes maestros y clínicos de la facultad a través de los años, cosas como *Yo le daría tratamiento terapéutico casi a cualquier persona, pero me niego a tratar a los individuos con personalidad limítrofe*. La razón es que trabajar con esta personalidad puede ser agotador. Rápidamente se pueden perder los límites y el drama se puede intensificar.

Una persona a la que le han diagnosticado Personalidad Limítrofe puede pasar muchos años en terapia y lograr sólo un progreso gradual en la mayoría de los casos. Y aunque las medicinas pueden ser de ayuda en cuanto a algunos síntomas, el daño subyacente solamente se cura con tiempo y con una relación dedicada y segura. Estos individuos suelen presentar síntomas de comportamiento auto destructivo: intentos de suicidio, heridas causadas por ellos mismos, juergas, y todo como maneras de herir una parte de sí mismos que odian y lograr aceptación y afirmación entre quienes ellos imaginan que los pueden rescatar. De ahí que las trágicas historias de las personas limítrofes requieran mucha paciencia, sabiduría, oración y compasión de parte nuestra, aunque nos lleven al agotamiento.

La mayoría de pastores y líderes que conozco tienen penosas historias para contar respecto a su interacción con personalidades limítrofes, aunque muchos no comprendían con qué estaban tratando. Un joven pastor me contó acerca de una mujer que llegó a su iglesia llena de entusiasmo y energía. Se había divorciado y quería empezar un ministerio para personas como ella. Llenó el buzón del pastor con correos electrónicos y mensajes de voz. Para apaciguarla, él bendijo su esfuerzo y le permitió empezar un grupo. Pero cuando ella le entregó recibos de gastos de las actividades del grupo durante seis meses, él cortésmente le dijo que la iglesia no había prometido soporte financiero. Ella entonces explotó en ira. El correo que le envió iba con copia para muchos otros miembros de la iglesia. *"Yo llegué a usted en un tiempo difícil y con sacrificio me dediqué a ayudar a otros*, le decía, *¿y esta es la forma en la que usted me trata?"* Muchos en la congregación se pusieron de su lado, algunos por temor y otros influenciados por su mezcla de pasividad y agresividad. La mujer le mencionaba muchos otros asuntos y al final instaba al joven e inexperto pastor a renunciar al pastorado.

Luego, otro de los profesores, compañero mío, me contó su caso con un estudiante difícil. Este era diligente y cumplidor de sus deberes. Se sentaba en la primera fila y le llevaba café y botanas durante los momentos de descanso. Hasta que el profesor le dio una "B" como nota en un examen intermedio. Durante el resto del semestre, el mencionado estudiante se sentaba en la parte trasera del aula y con frecuencia se distraía y distraía a los demás. En la evaluación final, el estudiante escribió comentarios negativos y cuestionó la idoneidad e integridad del profesor.

Como líder de una organización, un individuo con Personalidad Limítrofe puede ser quien le cause mayor confusión. Usted cuestiona sus respuestas y analiza concienzudamente sus conversaciones y piensa: *Tal vez hice algo mal.* Pero no es así. De hecho le ha dado a esa persona más tiempo del que debía.

Usted sabe que está tratando con una persona limítrofe cuando empieza a gastar más tiempo y energía emocional de la que debe en una sola persona. Llega a estar inmerso en un cruce de mensajes que parecen no tener fin; se sentirá atado en reuniones que producen pocas soluciones y siente que el problema es siempre *usted*. Y ocurre así porque los limítrofes han sufrido extraordinario dolor y rechazo a manos de otras personas, pero esa culpabilidad la proyectan en usted. Comienza como su salvador y termina siendo otro de sus abusadores. Se convierte en el padre que los rechazó, en la madre que no los escuchaba. Y si no está consciente de esta interacción sicológica, pronto se verá sumergido en una vorágine de frustración e inutilidad.

Sin embargo, a pesar de lo difícil, siempre hay maneras de ayudar a quienes tienen Personalidad Limítrofe, o por lo menos de evitar ser sumergidos en su mundo distorsionado.

En primer lugar, la mayoría de la gente reacciona ante una Personalidad Limítrofe siguiendo un patrón de luchar o huir. Algunos queremos darle pelea al individuo limítrofe esperando repeler su agresivo comportamiento con el nuestro; otros prefieren huir. Estas son reacciones naturales. Sin embargo, esta actitud solamente convence a quien tiene Personalidad Limítrofe de que es un "rechazado". Resista la tentación de seguir este patrón o forma de actuar y escoja en cambio un compromiso relacional *compasivo* pero *firme*. Esto nos lleva a la segunda reflexión.

En segundo lugar, amar a alguien con Personalidad Limítrofe requiere cierta tenacidad emocional e incluso astucia. Cuando interactúo con algún individuo así, imagino que estoy interactuando con dos personas. Una de ellas requiere compasión. Esa es la parte rechazada y vulnerable del individuo limítrofe quien, como un niño pequeño, vive en actitud temerosa y auto protectora. Puedo interesarme por ella sabiendo que es frágil y requiere compasión y amor. Sin embargo, está la otra parte o persona, el falso y patológico yo tratando de sobrevivir en el campo de batalla de la vida, obteniendo amor donde puede y luchando contra el rechazo que percibe y enfrenta. Es esa parte pasiva y a la vez agresiva que debemos enfrentar con empatía, confiando en que empiece a reconocer sus maneras insanas y destructivas de relacionarse y entre a una relación segura donde pueda ocurrir la sanidad.

En tercer lugar, trabajar con una personalidad limítrofe exige paciencia y sabiduría. El líder necesita no solamente cuidar de esta persona sino también *proteger de ella a los demás*. Ayudarla requiere de santa paciencia que demanda oración.

Debido a que tal persona puede causar estragos en su iglesia u organización, usted deberá hacer algunas elecciones difíciles. En ocasiones la sabiduría le dictará que proteja del predador a las otras ovejas. Pero la complicada tarea de liderar una organización o iglesia exige que resista su propio deseo de luchar o huir y que aborde la situación tanto con cuidado como con compasión.

Finalmente, el trato con personas con Personalidad Limítrofe requiere el establecimiento de fuertes límites. Debido a que él o ella demandarán del líder tiempo y energía como ninguno otro, necesitará establecer directrices claras y guiarse por ellas. En una iglesia u organización lo más probable es que necesitará limitar las responsabilidades del individuo limítrofe incluyendo la supervisión que ejerce sobre otros, y así mismo limitar el tiempo que él o ella demandan. Recuerde que la persona que tiene una personalidad limítrofe difícilmente es capaz de mantener relaciones sanas, de modo que asignarles un rol altamente relacional será destructivo. Es sensato mantener los límites de su función principalmente en las relaciones, y ser justo pero firme al subdividir su tiempo. Siempre será mejor decir *No puedo hablar con usted ahora, pero tendré quince minutos para hacerlo posteriormente el día de hoy. ¿A qué hora puedo llamarlo?*

Los individuos con Personalidad Limítrofe pueden ser la gente más extenuante en su iglesia u organización. En ocasiones usted sentirá enorme animosidad contra ellos. Pero son personas heridas y quebrantadas, con una desesperante necesidad de amor y sanidad; una tarea difícil pero que hará que usted crezca y madure rápidamente como líder. Ellos le enseñarán la importancia de sus límites a medida que le hacen estirar su paciencia y su amor.

El obsesivo compulsivo

"Sea perfecto, así como Dios es perfecto." Ese es el lema del obsesivo compulsivo.[10] Con una tendencia a la crítica y un don especial para ver lo que a todos los demás les falta, el obsesivo compulsivo es el máximo crítico del lunes por la mañana.

Quizás usted reciba de él un correo con una letanía de preocupaciones. Correo tras correo le hace notar sus fallas y le enfatiza las oportunidades perdidas, en un mensaje con contundentes dosis de moralismo y certeza que pueden noquear a un pastor o líder joven.

En un tiempo presidí un comité denominacional que estaba encargado de preparar candidatos potenciales para el ministerio pastoral. Durante una reunión presenté a un joven candidato, diciendo: "Me gustaría que conozcan a John. Lo he conocido por largo tiempo y en realidad es un buen tipo." Entonces un miembro de nuestro presbiterio local se puso de pie, levantó la mano y dijo: "¡Un privilegio suyo!" Yo me sorprendí, pero él continuó diciendo: "Hermano, ¿podemos nosotros decir que alguien es bueno?" Me quedé sin palabras. Él solamente estaba tratando de corregir mi teología y estar seguro de que yo sabía que los seres humanos son *totalmente depravados*, tal como lo afirma la doctrina calvinista. Estaba proyectando su propia exigencia de perfeccionismo en el joven candidato. Dos sentimientos me asaltaron: por un lado quise responderle sarcásticamente, incluso con enojo, pero de otra parte sentí tremenda tristeza por este hombre quien obviamente vive en un mundo interior perfectamente ordenado en el que siente que estas correcciones son necesarias, y en donde su teología está más desarrollada que su madurez relacional.

El Trastorno de Personalidad Obsesiva Compulsiva (TPOC) se manifiesta en la persona que ha construido su mundo alrededor del orden y el control. Rehúsa abrir esa bolsa larga, pesada e invisible de sus propios conflictos, la que probablemente está llena de caóticas emociones y dudas profundas acerca de su propia perfección. Y eso hace difícil interactuar con él con una crítica sincera porque la considera algo así como una acusación, una señal de debilidad, fracaso o imperfección, algo contra lo cual se defiende vigorosamente su psiquis. En efecto, esta persona puede construir una impresionante defensa legal, bien articulada y hermética. Las defensas que protegen el vulnerable interior de las almas son poderosas.

Si usted es un líder, una persona obsesiva compulsiva trabajará duro, pero esa productividad tendrá un costo. Hablaba recientemente con el ejecutivo de una corporación quien me comentó que un empleado suyo era brillante y duro a la vez. Le encantaba la tenacidad de este hombre pero detestaba su constante descarga de críticas. Finalmente terminó por sacrificar su contribución a la compañía por el bien de su salud mental. Otro líder despidió recientemente a un abogado bastante competente porque sencillamente estaba cansado de sus críticas constantes y compulsivas.

La Personalidad Obsesiva Compulsiva puede manifestarse en un tipo de moralismo que ve las faltas en todos los demás. También se manifiesta como una tendencia a exhibir una certeza que rehúsa reconocer las áreas grises de la vida, o un perfeccionismo que hace sentir a todos los demás a su alrededor incompetentes e incómodos. Los líderes que sufren este trastorno tienden a ser motivados por desempeño o rendimiento y a ser tiranos. En la iglesia y entre los cristianos esta personalidad muestra una arrogancia teológica que sataniza todo lo que no concuerda con su teología (una actitud que se encuentra tanto entre liberales como entre fundamentalistas). Algunos obsesivos compulsivos recurren al obstruccionismo en un esfuerzo por paralizar procesos y evitar cambios que consideran equivocados.

Así que, ¿cuál sería una manera compasiva y útil de tratar con la persona obsesiva compulsiva? Una vez más afirmo que es mejor no entrar en una fuerte confrontación que solamente incita sus defensas personales. Recuerde que bajo esa controlada seguridad exterior habita un niño pequeño lleno de temor que maneja rígidamente su vida para protegerse de la debilidad, el dolor y el caos. Reconozca también que la visión que el individuo obsesivo compulsivo tiene del mundo está orientada a controlar, a la regulación emocional y a la estabilidad, de modo que entre a su mundo interior con sumo cuidado y paciencia y procure ganarse su confianza a lo largo del camino. No la ganará mediante el uso de técnicas sino a través de la relación. Me he dado cuenta que este tipo de personas ceden el control solamente cuando se sienten seguras.

Aunque establezco como prioridad desarrollar una relación en la cual la persona obsesiva compulsiva pueda confiar en mí y por lo tanto ceder su control en mi presencia, también empleo herramientas que estimulan el proceso. Una manera en que he procurado hacerlo es invitando a tal persona a mirar cine; a ver películas que confío lo tocarán más profundamente y le ayudarán a ver sus exigencias desordenadas e imposibles que se hace a sí misma y a los demás.[11] (Porque el solo hecho de que los individuos obsesivos compulsivos se permitan a sí mismos la libertad de mirar cine es en sí un acto de arrepentimiento, la decisión de relajarse en vez de agitarse y obsesionarse.) Después, en cierto momento, procuro involucrarlos en una conversación para ver si se han identificado personalmente con algo de lo que han visto. También he sugerido una o dos lecturas sobre lo último en investigaciones sobre el funcionamiento del cerebro que he subrayado en el capítulo uno, o sobre inteligencia emocional, lo cual lleva de manera lógica a la importancia de una relación emocional con empatía con los demás.

Una persona obsesiva compulsiva tiende a responder más a un análisis claro y lógico que a una discusión motivada por sentimientos. Recuerdo a un cliente en particular quien se sintió agradecido al saber que los mejores conceptos basados en investigaciones sugieren que la prosperidad es algo mucho más grande que el asentimiento intelectual o una vida ética, pero se cruza con nuestras emociones, nuestra historia, e incluso con nuestras vergüenzas. Con una sonrisa irónica, dijo: "Chuck, reconocer esto me hace sentir bastante incómodo, pero la investigación sugiere que necesito crecer, hacerme mayor". Ambos reímos y una nueva esperanza nació de esta experiencia.

Otra manera en que procuro estimular el crecimiento interior de un individuo obsesivo compulsivo es contándole mi propia historia. Con frecuencia cuento cómo hice esfuerzos incansables para lograr que me aceptaran en la Universidad de Oxford, solo para darme cuenta finalmente de que el hecho de haberme aceptado no contribuyó en nada a la superación de mi profundo sentimiento de incompetencia. Cada uno de nosotros tiene una historia de luchas y esfuerzos por tener éxito y tener que admitir al final la imposibilidad de lograr una satisfacción significativa. Asimismo, todos nosotros tenemos un lado de autojustificación que busca aprobación como el hijo mayor en la Parábola del Hijo Pródigo que leemos en Lucas capítulo 15.

Es importante reconocer siempre el gran temor con el que vive a diario una persona obsesiva compulsiva. Aunque parece fuerte e impenetrable, en su interior se esconde un niño bastante asustado, un necesitado que busca saber que el mundo es seguro, que es aceptado y que todo va a estar bien. Compartir con él o ella nuestras propias historias puede ser una manera efectiva de conectarse con esos temores, inseguridades y esfuerzos fallidos.

Al final de todo el mensaje de gracia es el que penetrará la armadura de su obsesiva personalidad. El mensaje central de que Dios nos acepta en Cristo solamente por gracia es lo que esta persona anhela oír, pero se le hace difícil creer. Los hombres y mujeres más obsesivos viven según sus mentes en donde el evangelio es una verdad que se cree pero no una realidad que se vive. Con frecuencia yo mismo he recomendado las obras de escritores como Henri Nouwen, Brennan Manning, Jean Vanier y otros que me han enseñado acerca de una gracia que se vive. Y también he recomendado disciplinas de silencio y soledad, de oración contemplativa, de leer porciones de la Biblia como lecciones a aprender, del Examen Ignaciano y otras formas de descansar intencionalmente en la presencia de Dios.

Tal vez nos tome toda una vida creer la notable invitación al descanso de las palabras de Jesús: "Mi yugo es fácil, y liviana mi carga." (Mateo 11:30).

El histriónico

La palabra "histriónico" se deriva de una palabra latina que significa "actor". No es extraño, entonces, que un individuo histriónico viva su vida *sobre el escenario*. Para la persona que sufre el Trastorno de Personalidad Histriónica (TPH) la vida es un drama, y el patrón dominante de la personalidad histriónica es como una montaña rusa que asciende y desciende entre la comedia y la tragedia ante sus propios ojos. Debido a su intensa necesidad de aprobación, un individuo con personalidad histriónica puede ser excesivamente entusiasta, incluso insinuante; una seductora combinación de la cual el líder debe estar bien consciente.[12]

Desórdenes de la personalidad: Amar a quienes nos vuelven locos

Recuerdo a una joven que me suplicaba le permitiera ser parte del grupo de alabanza en la iglesia. A veces se me acercaba con lágrimas en los ojos; en otras ocasiones probó un comportamiento más sutil y seductor. La verdad es que no tenía talento musical pero le encantaba *estar en la plataforma*. Por supuesto, ella no estaba de acuerdo y se sentía herida profundamente por mi renuencia a permitirle que fuera parte del grupo. Pero he aquí que encontró la manera de sentarse los domingos en la tercera fila de adelante en la iglesia, no lejos de mí para que yo pudiera oír su voz desafinada, tratando otra vez de convencerme de su talento.

Lo que suelo decirles a mis alumnos de consejería es que uno penetra el dramático y *falso yo* del individuo histriónico cuando lo ve tras bambalinas, sin maquillaje, sin las payasadas, las falsas lágrimas o la falsa risa. Este es un sacro privilegio si usted lo ha experimentado, dado que es muy raro en alguien a quien le han diagnosticado el trastorno histriónico. Recuerdo una ocasión cuando recostado en mi silla reclinable mirando intensamente a los ojos de una mujer que había aconsejado por años, le pregunté: "¿Esa es usted realmente usted?" Ella había abandonado el escenario y pude verla, quizá por primera vez, sin su máscara.

Un individuo desarrolla una personalidad histriónica como una manera de compensar el ambiente de su niñez. Puede manifestarse en un niño que es hijo único y que constantemente es el centro de atención o del cual se espera que actúe como un adulto, como un "hombrecito" o una "mujercita". O en el hijo o hija de adictos, que pasa su niñez entre las telenovelas y las riñas de sus papás. A veces la persona histriónica es hija de padres notablemente exitosos, que vive en continua actuación frente a los amigos de sus progenitores. En otras ocasiones la personalidad histriónica se desarrolla en un niño que desesperadamente necesita atención de parte de sus padres descuidados, o en un chico que necesita competir por atención dentro de una familia numerosa en la que tiene muchos hermanos. El niño desarrolla esta personalidad en un intento por conducirse en el mundo de su temprana infancia. O desarrolla desde niño un falso yo y acumula en su bolsa invisible cualquier cosa que considere aburrida, prosaica u ordinaria, y presenta solamente el yo público disfrazado para la actuación.

Trabajar con una personalidad histriónica y ayudarla exige que el líder sea capaz de ver su yo tanto en el escenario como entre bastidores. Mientras que el yo "actor" quizá lo encandile, o lo moleste o lo frustre, el yo que hay tras bambalinas está necesitado, herido y claramente desesperado por recibir atención. Cuando yo recibo a una personalidad histriónica para darle terapia, pronto queda claro que quiere ser mi cliente más especial e importante y se esfuerza por hacerse inolvidable. Esto es algo trágico y frustrante, porque tras esa pose existe una historia más profunda de pérdida y tristeza. Un buen amigo, mentor o líder, procura ayudar a la personalidad histriónica para que conozca y sea dueña de su yo integral. Aunque reconoce alguno de los dones del actor disfrazado, no busca usarlos o explotarlos. En otras palabras, aunque puede que sea incitante darle a esta persona un lugar en el grupo de alabanza, o en el ministerio de oración, o en el grupo que ministra fuera de la iglesia, usted reconoce que hacerlo puede ser en última instancia perjudicial. Con visión y sabiduría prepara una vía nueva y diferente, la que invita al individuo histriónico a vivir más integralmente, quizá en un rol menos público en el cual pueda servir a otros de manera humilde, silenciosa y con sacrificio personal.

Como ocurre en el trato con individuos que sufren otros trastornos de personalidad, tratar con los afectados por Personalidad Histriónica puede implicar el establecer límites apropiados para ellos, siendo que su naturaleza seductora, invasiva o necesitada de seguridad puede ponernos rápidamente en una situación embarazosa, incluso poco ética. En las mujeres con trastorno histriónico es importante reconocer que su comportamiento, a menudo seductor, es causado por una sexualidad sobre estimulada desde su juventud. Y si usted es un hombre que está trabajando con una mujer, debe asegurarse de que ella se sienta atendida en un ambiente que provea seguridad y dignidad. Lo último que ella necesita es sentirse peligrosa, sentimiento motivado por nuestro temor o nuestra culpa, o sentirse sexual o emocionalmente deseada, reacción a menudo provocada por nuestra propia inmadurez emocional. Desarrollar una estrecha y benéfica relación con una personalidad histriónica sin estos límites claros y cruzando las líneas sexuales puede conducir a la tragedia.

Finalmente, proveer un lugar seguro para que emerja la personalidad que hay tras bambalinas es decisivo para ayudar a la personalidad histriónica. Por un lado, no se dé por vencido con ella; por otro, *utilice* sus talentos actorales. Véala como la vería Jesús, quien al traspasar las caretas que usamos y ver dentro del corazón, parece preguntar a menudo ¿Qué quieres realmente? (Marcos 10:51). El individuo histriónico quiere ser conocido y amado por lo que realmente es, no por lo que como actor representa.

Un reto para nosotros

Al examinar en este capítulo cada trastorno de personalidad, hemos visto que lo que solemos llamar simplemente "pecado" tiene su origen en un complejo patrón relacional de toda una vida. Aprender a amar a las personas que tienen estos trastornos toma largo tiempo, en la medida en que descubrimos nuestra tendencia a darnos por vencidos, a ser cínicos o a volvernos introvertidos. Los líderes más grandes y sabios se dedican con amor y cuidado a ayudar a estos destrozados colegas, amigos y congregantes, enfrentando sus temores, soportando sus dificultades y aprendiendo sobre sí mismos en el proceso. Pastores y líderes sabios se forjan en el crisol de estas dificilísimas relaciones. Andrew Purves bien podría estar hablando del liderazgo en general cuando escribe en su obra maravillosa *The Crucifixion of Ministry* [La Crucifixión del Ministerio]: "El ministerio mata las necesidades de nuestro ego, el deseo de poder y éxito, y el persistente deseo de sentirse competente y en control."[13]

En este capítulo he descrito a las personas en términos de las etiquetas o rótulos que los profesionales de la psicología les han puesto a través de los años. Pero es crucial recordar que nadie puede ser reducido a un rótulo, aunque estos suelen ayudarnos a comprender y a ayudar a otros. Como me lo recordó un colega: "Las etiquetas son útiles cuando amplían nuestra capacidad de comprender y compenetrarnos con una persona. Son perjudiciales cuando nos confinan y reducen nuestra visión de esa persona".[14] Cada individuo es portador de la imagen de Dios, creado dentro de relaciones y para tener relación con Él y con los demás seres humanos, con un propósito en el reino de Dios. En la medida en que mantenemos esa óptica o visión, no solamente amaremos al "menor de estos" sino que recibimos la energía y la sabiduría necesarias para andar con los demás a través del desierto relacional aun cuando nos lleven al límite de nuestros recursos. Es precisamente allí donde descubrimos que también estamos quebrantados, que a pesar de nuestros mejores intentos de sabotaje somos amados y buscados por un Dios que se atreve a seguir avanzando hacia nosotros e impulsándonos hacia los demás.

CAPÍTULO 4

Adicciones: Amar en la oscuridad

La adicción es algo más profundo que la obsesión y la compulsión. La adicción es adoración. Es darle mi corazón y mi alma a algo que creo que apaciguará mi dolor y proveerá una salida a mi ira por no tener control en un mundo que me hiere, me asusta o me abandona.

SHARON HERSH

Estar vivo es ser adicto, y estar vivo y ser adicto es estar necesitado de gracia.

GERALD MAY

La ruina me ha hecho cavilar.

SHAKESPEARE

PODEMOS ESTAR SEGUROS QUE ENTRE TODOS LOS TIPOS DE personas difíciles que hay en nuestras iglesias u organizaciones, nos encontraremos con el adicto. Y para empezar a entender al adicto es necesario comenzar con nosotros mismos. Como alguna vez lo dijo el ya fallecido psiquiatra y director espiritual Gerald May: "Estar vivo es ser adicto, y estar vivo y ser adicto es estar necesitado de gracia."[1]

Durante un retiro de varones, mientras yo citaba esta afirmación, uno de los asistentes exclamó: "Parece que el mismo psiquiatra era todo un caso." Las palabras del señor May son impactantes. Cuando miramos al adicto a las drogas, quien inhalándolas ha arruinado su vida, quizá sintamos desprecio o compasión, pero no significa que hayamos hecho un descubrimiento en la nuestra. Tal vez no seamos adictos, pero podríamos ser algo peor. En la intrincada óptica de Jesús, quienes han llegado casi a tocar fondo son los que están más cerca de la gracia. Muchos de nosotros vivimos la vida pulidos y ordenados, tal vez sin una palpable necesidad de Dios. Predicamos la gracia, pero hacemos ingentes esfuerzos para no tocar fondo nosotros mismos.

Tratando desesperadamente de salir avante en un mundo generalmente caótico, nos aferramos a cualquier cosa y a todo lo que nos ofrezca un ápice de seguridad. Apretamos fuertemente nuestras billeteras y nuestra reputación. Medimos nuestro estatus por los seguidores que tenemos en las redes sociales y por los títulos que tenemos en el trabajo. No volamos tan alto como una cometa, pero no estamos en mejor situación.[2] De hecho, si usted toma seriamente las palabras de Jesús, los religiosamente ordenados, los ricos y los seguros, están en condición bastante inferior para implorar gracia. La mayoría de nosotros somos así. Bien lo dice Bill Plotkin en su sugestivo libro *Soulcraft* [Artesanía del Alma]: "La cosmovisión de Occidente dice en esencia que el progreso tecnológico es nuestro mayor valor y que nacimos para ser consumidores, para usar y desechar incesantemente los recursos naturales, otras especies, los elementos tecnológicos, los juguetes, y a menudo a otras personas."[3] Si el señor Plotkin tiene razón, simplemente estamos haciendo ídolos aquí y allá, pueden ser el éxito o la belleza convertidos en ídolos. La adicción está ocurriendo en todos niveles de nuestra sociedad e impactando nuestra identidad. Como lo afirman los autores de *Hope in Troubled Times* [Esperanza en Tiempos Difíciles]:

> La gente eleva algo que ella misma ha confeccionado a una posición exaltada en la sociedad (representación). Luego realiza sacrificios para su ídolo, como si este fuera el dueño de su propia vida y su poder (veneración). Finalmente, son estos los que toman las decisiones y los ciudadanos los siguen a cualquier parte que ellos los guíen (transformación), aun si a través del tiempo el objetivo original se desvanece o ya no parece alcanzable.[4]

Si estos autores tienen razón, lo que convertimos en un ídolo tiene finalmente el poder de esclavizarnos a nivel social e individual. Todos somos más adictos de lo que sabemos y estamos mucho más necesitados de gracia de lo que pensamos.

La impotencia al ayudar a otros

Este es un importante punto de partida y pienso que es necesario comenzar a desde aquí, si es que usted quiere ayudar a un adicto. Pero es importante que usted conozca su propia y profunda necesidad de Dios, para que luego pueda interactuar con quien sufre de adicciones de manera sincera y compasiva. Aun así, trabajar con un adicto jamás es una tarea fácil.

En dieciséis años de ministerio pastoral y de consejería he aconsejado a alcohólicos, adictos al sexo, automutiladores y bulímicos, a tricotilomaniacos y fumadores de marihuana. He realizado consejería clínica. Pero como pastor también he tenido que realizar funerales. Recuerdo a la madre de un drogadicto de 21 años de edad que murió a consecuencia de una sobredosis; llorando entre mis brazos se preguntaba una y otra vez ¿Por qué? ¿Por qué?

En mi segundo año de ministerio, un empresario y líder de la iglesia pidió una cita conmigo. Era un hombre a quien yo respetaba: inteligente, sensato, sacrificado. Recuerdo ese día porque las lágrimas rodaban por su rostro mientras me contaba de los fallidos intentos que durante décadas había hecho para rescatar a su querida hermana de su descontrolado estilo de vida como drogadicta. La mujer estaba viviendo bajo un puente en el centro de la ciudad y él se preguntaba si debía "rescatarla" una vez más. Se sentía impotente, incapaz de tomar esta decisión por sí mismo. ¿Debería acudir en su rescate o dejarla seguir su camino? Todos estamos necesitados de gracia mientras cuidamos de un adicto y doblamos nuestras rodillas una y otra vez.

¿Qué hace un pastor o terapeuta en una situación como esta? ¿Quién se siente suficientemente sabio o preparado para tomar estas decisiones de vida o muerte? Yo no, aun teniendo un título en consejería. La hermana de este hombre había tenido años de rehabilitación. Permanecía sobria por algún tiempo; pero luego recaía una y otra vez, destrozando la esperanza de su familia al verla en esa condición de inestabilidad. Pero ahora su hermano me pedía que yo tomara la decisión por él. ¿Qué consejo le damos a una persona en estas circunstancias? Una pregunta obligada es: ¿Cómo se mueven los líderes en este caótico terreno de tratar con alguien que lucha con su adicción? ¿Cómo maneja el ejecutivo de una corporación la adicción a la pornografía de su talentoso vicepresidente, una adicción que consume tiempo y energía y viola la política de la compañía?

No sé cómo se sentirá usted, pero en mi caso, a pesar de los años de entrenamiento y experiencia en consejería, todavía experimento cierto grado de impotencia en estos momentos.

Confío en que a pesar de no tener todas las respuestas, pueda darle algo de dirección. Una cosa es inevitable: usted cometerá errores a lo largo del camino. En ciertas ocasiones será demasiado compasivo y en otras demasiado duro con los demás. Reaccionará demasiado rápido en algún momento, y hará lo contrario en el otro. De hecho, necesitará ayuda y consejo para sí mismo a lo largo del camino, particularmente en casos muy complicados. Pero le pido a Dios que usted pueda sentir la gracia para amar imperfectamente y encontrar el valor para seguir intentándolo.

La adicción como un problema de identidad

La realidad fundamental de la cual yo parto cuando ayudo o aconsejo a alguien, incluyendo a los adictos, es que tal persona fue creada en relación con Dios y para tener una relación con él íntima y duradera. En el capítulo 2 describí esta realidad como la "imagen de Dios", aquella que en nuestras vidas nos da nuestra identidad y nuestra misión en el mundo. Pero vayamos un paso más adelante. Esta imagen representa la unión original de Dios con nosotros. Fuimos hechos en él y para tener relación con él; para tener comunión con Dios, entre nosotros, y con su bendita creación. Esa es la "persona" que cada uno de nosotros tiene. La persona que Dios ha entretejido, la que es conocida personal e íntimamente por él, el verdadero yo. Como ya se dijo antes, sin embargo, somos empujados dentro de un mundo en el cual nuestro anhelo profundo de tener esa unión con el Creador es socavado de mil maneras. Aunque Dios es nuestro deseo más profundo y original, el corazón sigue anhelando conexión, seguridad y control. Al quedarnos solos para navegar en nuestros caóticos mundos personales, buscamos algo, cualquier cosa, que calme nuestro dolor. Buscamos lo que los teólogos llaman "apego, cariño, relación", algo o alguien con quien identificarnos, que nos ayude a sentirnos seguros y nos dé algún grado de control. Este es el terreno en donde germina la adicción.

La adicción es un intento de dominar la realidad en nuestros propios términos, una negativa a vivir en el mundo que Dios ha hecho. Es el deseo de control el que está en el fondo del asunto. Nuestro incansable corazón exige satisfacción, *ya*. Nos negamos a esperar, a estar hambrientos o sedientos. Creados con un inexorable deseo de Dios, tratamos de saciar ese deseo con algo más, algo que sea más manejable y más controlable. Gerald May escribe al respecto:

> La adicción existe dondequiera que las personas sean forzadas a gastar sus energías en cosas que no constituyen realmente sus deseos. Definiéndola de manera más directa, una adicción es un estado de coacción, obsesión o preocupación que esclaviza el deseo y la voluntad de una persona. La adicción desvía y eclipsa la energía de nuestro deseo más profundo y genuino de amor y bondad. Sucumbimos porque la energía de nuestro deseo llega a estar apegada y clavada a personas o comportamientos y objetos específicos. Luego el apego es el proceso que esclaviza el deseo y crea el estado de adicción.[5]

De ahí que la adicción (y el apego) represente el "individuo" oculto, el *falso yo*, la persona cubierta por hojas de higuera que vive con temor y vergüenza, y cuya relación con Dios está rota. Esta persona, su *falso yo*, no es una *mala* persona, sino que sencillamente está viviendo separada de su unión esencial con Dios. Esa es la definición de pecado: distanciamiento de Dios, lo que incluye la separación de su verdadero yo de la unión con Dios. Este estado de desunión es lo que produce todo lo que es malo, perverso, y dañino para usted y para las personas a quienes ama.

Es también el yo que no puede ser conocido por Dios y por otros por cuanto es un espejismo, una artimaña. Por eso es que yo suelo decir que creo solo el uno por ciento de lo que un adicto me dice. Tan poseído está por su extraño yo que es incapaz de ver lo que es saludable y lo que no lo es. Y aunque parezca que está en control y él lo convenza a usted de tal cosa, su control es como un papel extra delgado, susceptible de romperse en cualquier momento. Sin embargo, porque creo que al adicto no se le debe definir por su adicción sino por su profunda identidad en Dios, confío en que si permanezco a su lado escuchando e incluso hablando directamente a su mejor personalidad positiva, empezará a escuchar el susurro de Dios, la bienvenida del Padre al hijo pródigo, la promesa de perdón y de bendición. Conociendo esta realidad es crucial permanecer en medio del caos de la vida del adicto.

El adicto: una persona herida y que a la vez hiere a las demás

La siguiente realidad que quiero que usted vea es que el adicto es un individuo que ha sido lastimado y que a su vez sigue lastimando a otros en el proceso. Yo lucho con los debates interminables en diferentes campos sobre si algunas adicciones son o no una enfermedad o una elección personal. La Biblia parece mantener ambos puntos en tensión: que heredamos los pecados de nuestros padres (Deuteronomio 5:9), pero que somos responsables por nuestros propios pecados (Deuteronomio 24:16). Existe siempre una complicada gama de variables involucradas: cuál fue y sigue siendo el medio ambiente, la crianza, los factores socioeconómicos, el trasfondo clínico, incluso la parte genética del asunto.

Conozco a una familia en la cual hay tres hijos. El primero estudia en la facultad de leyes y es un individuo sano y equilibrado que parece hacerlo todo con excelencia. El segundo ha estado internado en programas de rehabilitación y otros sistemas correccionales. La tercera es una chica dulce que todavía está en la escuela secundaria y que ha tenido que sufrir el caos que su hermano intermedio ha creado, cuyo sueño frecuentemente ha estado precedido por el llanto. De modo que, ¿a quién culpamos? ¿No diría alguien que su hermano mayor es un fariseo mojigato que ha inducido a los otros a la inutilidad y a la frustración? (Lucas 15:28-29). ¿No se podría afirmar que la vida del padre, ocupado en su trabajo y ausente de su familia por participar en eventos deportivos y conciertos, fue un factor determinante? ¿No pudo haber ocurrido que el nacimiento de la hija causó desatención para su hermano en problemas? ¿Y qué hay de la madre y su historia de ansiedades que la llevaron a consumir medicamentos tranquilizantes durante toda su vida? ¿O del "mejor amigo" del chico problemático en su edad temprana que le dio a beber el primer trago? ¿A quién culpamos?

¿Puede notar el grado de complejidad?

Es por esto que en mi enfoque tomo muy seriamente dos realidades. La primera es que el adicto lleva consigo todo un bagaje de elementos, de los cuales él no es responsable. La "hermosa complejidad" de la cual hablé en el capítulo 2 incluye una singular composición o mezcla de rasgos genéticos que lo predisponen para toda una vida de abuso y adicción. Pienso en el valiente relato autobiográfico de William Cope Moyers, hijo del conocido consultor político y personaje de la televisión Bill Moyers, un hombre que proviene de una familia estable pero que al parecer llevaba los signos de una problemática personalidad desde muy tierna edad. En el relato personal que hace en su biografía que tituló *Broken* [Quebrantado], Cope no culpa a nadie sino que sencillamente cuenta su historia. Y lo que queda claro es que simplemente salió del vientre de su madre con un temperamento muy diferente al de sus hermanos. Aunque fueron criados en el mismo hogar, es claro que Cope fue hecho problemático.[6]

No obstante, al mismo tiempo, somos cada uno de nosotros quienes tomamos las decisiones. Decisiones por las cuales somos responsables. Sí, quizá hayamos sufrido heridas importantes, ya sea por nuestros genes o por abuso, o tal vez hayamos heredado una adicción generacional. Aun así, nuestras decisiones son nuestras decisiones. Una notable realidad humana es que no somos autómatas sin mente o juguetes que son heridos y enviados a cruzarse en nuestro camino. Somos entes responsables. Hace algún tiempo, uno de mis clientes adictos dijo algo muy valiente al respecto: "Es cierto que he sido herido, pero lo admito: yo también he hecho mi parte para sabotear cada relación sana que he tenido". Esa clase de sinceridad llega lejos en el proceso de sanidad.

Esta realidad ha sido reconocida entre líderes de negocios y no solamente entre psicólogos y pastores. En su libro *Deep Change* [Cambio Profundo], el cual presenta nuevos paradigmas de liderazgo en el mundo de las corporaciones, Robert Quinn afirma:

> Cuando vemos la necesidad de un cambio profundo, generalmente lo vemos como algo que debe ocurrir en alguna otra persona. En nuestros roles de autoridad tales como padre o madre, maestro o jefe, somos particularmente rápidos en dirigir a otros hacia el cambio. Tales directrices

suelen fracasar y entonces respondemos a la resistencia aumentando nuestros esfuerzos. La lucha de poderes que sigue rara vez produce cambios o excelencia. Una de las cosas que es necesario discernir al respecto tiene que ver con dónde empieza ese cambio profundo.[7]

El señor Quinn juzga rectamente que el cambio profundo empieza cuando nos enfrentamos a nosotros mismos y asumimos responsabilidad por nuestra propia vida.

Lo que durante muchos años he visto es que los adictos generalmente provienen de familias en las cuales se ha sufrido alguna forma de adicción. He conocido muchos adictos sexuales quienes posteriormente descubrieron que el papá, el abuelo y otros parientes lucharon con la pornografía y la masturbación. He aconsejado a muchas jóvenes con trastornos en el comer cuyas madres fueron adictas en una u otra forma, ya fuera a la cirugía plástica o al perfeccionismo en el orden y arreglo del hogar. Y no obstante, aunque yo comprendo y me identifico con el profundo nivel de complejidad implícito en pecados adictivos sistémicos y aun generacionales, creo que cada adicto es responsable de su propia recuperación. Y gracias a la sabiduría de la tradición cristiana así como a Alcohólicos Anónimos y su arraigada religiosidad, muchos adictos están empezando esa valiente jornada que exige sinceridad radical y conciencia de sí mismos, una total aceptación de responsabilidad de sus propias fallas y del impacto que estas tienen sobre otros, y la osada acción de intentar una reparación de los daños.

Una estrategia tripartita

¿Cómo procede usted cuando enfrenta una situación que involucra una adicción? ¿Hay un proceso de toma de decisiones para evaluar el problema y el grado de necesidad?

Durante algún tiempo he empleado un enfoque tripartito, sea que esté ayudando a un adicto o aconsejando a alguien con un conjunto diferente de problemas. El modelo de tres facetas es realmente bastante sencillo. Aborda los problemas reconociendo que somos criaturas complicadas que sufren cambios en múltiples niveles. Llamaré a estos niveles *funcional, sistémico* y *transformacional*.[8] La comunidad del adicto, la iglesia, los amigos, la familia, los compañeros de trabajo, los jefes, el terapeuta de familia, y el médico familiar, todos tienen un rol en cada nivel.

En mi opinión, este proceso de tres niveles toma en cuenta las formas principales en que los psicólogos y los teólogos tienden a conceptualizar los problemas. A nivel funcional, el enfoque es a corto término y estratégico, y discute los apremiantes asuntos de comportamiento. En el nivel sistémico el enfoque incursiona más y discute las raíces del asunto, incluyendo el pasado del individuo y el presente sistema familiar.[9] Finalmente, en el nivel transformacional el enfoque va más allá del cambio de comportamiento y del análisis personal a fin de preguntar ¿En dónde está Dios en este asunto? Este enfoque ve la profunda sanidad en el hecho de la (re) unión con Dios. Por supuesto, estos no son necesariamente fases lineales sino formas de enfocar el cuidado del adicto.

Miremos los tres niveles usando el ejemplo de tres adictos imaginarios, el tipo de personas que todos conocemos:

Jeff: Es un adicto sexual. Un empresario exitoso que se ha visto atrapado en múltiples aventuras sentimentales y lucha regularmente con la pornografía en Internet.

Tricia: Se mutila ella misma. Su novio notó que se causaba

heridas a sí misma y las ocultaba de sus padres y otras personas usando vestidos de mangas largas.

Roy: Es alcohólico. Bebe en reuniones sociales después del trabajo hasta que sus amigos se van. Luego suele ir a la licorería más cercana y compra suficiente licor para el resto de la noche y para la tarde del día siguiente.

Elaine: Es anoréxica. Es una líder joven y dinámica que hace ejercicio frecuentemente y luce muy delgada, pero que regularmente lucha contra el agotamiento y la soledad.

Discusión del nivel funcional

Cuando usted descubre que Jeff, Tricia, Roy y Elaine están luchando contra algún tipo de adicción, su primera tarea es hacer una evaluación de la situación. No importa cuál es su rol, si es pastor, gerente o miembro de la familia, tiene que hacerse ciertas preguntas y tomar ciertas decisiones. Necesita determinar la gravedad de la situación. Eso significa plantearse preguntas bien específicas: ¿Con qué frecuencia practican su adicción Jeff y Tricia, y en qué contextos? ¿Qué tanto bebe Roy? ¿En qué medida la anorexia de Elaine influencia, por ejemplo, su forma de comer o sus ejercicios excesivos? ¿Existen hechos o factores que la orillan, como la soledad, la depresión, la ansiedad, los conflictos con el esposo, o quizá los problemas del trabajo o la sequía espiritual? ¿Ha considerado la posibilidad de suicidarse y tiene un plan para ello? ¿Cómo están siendo afectados los contextos de su ambiente personal y su trabajo? ¿Cómo está siendo afectada la familia? (Por ejemplo, ¿conduce Roy mientras está intoxicado, quizás con sus hijos dentro del de auto?)

Tome siempre en cuenta que con cada "revelación" del comportamiento del adicto, su vergüenza, su temor a los juicios o a las consecuencias (por ejemplo a la pérdida del empleo o de su matrimonio) pueden aumentar. De ahí que debe proceder con sumo cuidado y mucha compasión, desarrollando la confianza de la persona y estimulando un sentido de seguridad. Para el adicto es vital tener una comunidad segura de amigos y especialistas.

Cuando usted haga la evaluación busque conocer dos cosas principales: la gravedad de la adicción y el grado de conciencia que tiene el adicto de su problema.

En primer lugar, haga preguntas pertinentes y específicas con las que pueda evaluar qué tan grave podría ser la adicción.[10] Todas las adicciones existen en una secuencia de continuidad. Muchos adictos son hábiles en el manejo de su comportamiento adictivo y fácilmente pueden convencernos de que están bien. Pero en muchos casos escasamente pueden manejar la vida y frecuentemente su salud física y psicológica sufre. Cuando se determina la gravedad de la situación, entonces el proceso de toma de decisiones enfoca las necesidades funcionales.

En segundo lugar, debe determinar qué tan consciente está el adicto de sus problemas, y su disposición a sentir y mirar en qué forma su adicción está impactando a los demás. Debido a que la adicción es algo tremendamente narcisista, los adictos tienen dificultad en reconocer el dolor que están infligiendo a otros y a sí mismos. Inclinados a controlar sus sentimientos así como los de quienes los rodean, se niegan a sentirse impotentes o a aceptar la importancia del dolor que otros enfrentan.

Como lo afirma la profesora y terapeuta Sharon Hersh: "La adicción… es darle mi corazón y mi alma a algo que creo que apaciguará mi dolor y proveerá una salida a mi cólera por no controlarme en un mundo que me hiere, me asusta o me abandona."[11] Mientras mantengan el control, muchos adictos negarán la importancia de su adicción que otros conocen, o el impacto que ejerce en el desempeño de su trabajo, o el hecho de que su salud está en riesgo. Con una valoración tanto de la gravedad de la adicción como del grado de reconocimiento y responsabilidad del adicto, usted puede diseñar una estrategia para ayudarle. Estos pasos serán diferentes con cada persona (como ocurrió con Jeff, Tricia, Roy y Elaine) por toda una variedad de razones. Pero en cada caso se sugerirán ciertas opciones de comportamiento, incluyendo quién los conocerá, quiénes harán parte del equipo, qué límites se establecerán para controlar el comportamiento, y en qué grado y momento será necesario una nueva evaluación durante las semanas y meses venideros.

Miremos dos situaciones imaginarias que involucran a Elaine y a Jeff. El aspecto demacrado de Elaine fue para su familia y sus compañeros de trabajo una señal inicial de que algo estaba mal. En ocasiones sentimos temor de ser "intrusos" o de hacer preguntas impropias, pero con compasión y cuidado su jefe expresó preocupación por su salud. Porque este líder estaba preocupado no solamente por el desempeño de sus empleados sino también por la "totalidad" de la persona como tal, manejó su preocupación e interés de una manera que prometía confidencialidad y compromiso.

Durante esta fase o etapa funcional, el médico determinó que la salud de Elaine estaba en grave riesgo porque estaba muy baja de peso y empezaba a mostrar síntomas claves incluyendo una vellosidad sedosa que cubre todo el cuerpo para mantener su tibieza a falta de grasa. El tratamiento inicial de Elaine requería una breve hospitalización, y el tratamiento a largo plazo incluía terapia regular y valoración médica. Su gerente, junto con un equipo fuerte y sensato, manejó cuidadosamente su situación con misericordia y confidencialidad, y Elaine volvió a trabajar a las dos semanas mientras seguía un proceso regular de terapia (sistémica) y de atención integral de su salud.

Por otro lado, Jeff resistió los intentos iniciales de sus amigos por brindarle ayuda para que tomara en serio su adicción sexual y sus aventuras extramaritales. El resultado fue que la etapa funcional sobrepasó algunas de las intervenciones normales para un adicto sexual, incluyendo una valoración profesional por un terapeuta, algunos límites de comportamiento (que incluían, por ejemplo, el uso de internet, viajes de trabajo, el uso de las tarjetas de crédito), y consejería conyugal de corto término para discutir en dónde vivir, como interactuar con sus hijos y otros factores claves. En cambio, el pastor y la comunidad de amigos de Jeff tuvieron que elevar el nivel de exigencias. Con gran pesar su esposa le pidió que saliera de la casa, y sus amigos más íntimos intervinieron. En ocasiones un enfoque funcional exige un amor fuerte y exigente a fin de ayudar al adicto a que llegue al punto de reconocer sus propios problemas.

Discusión del nivel sistémico

Generalmente se requiere un importante progreso funcional para que el trabajo sistémico más profundo ocurra en el adicto. Es difícil empezar a discutir las dinámicas de su familia, facilitar las conversaciones que produzcan sanidad, o explorar los asuntos importantes de origen familiar si la vida del adicto es un caos. Por lo tanto, antes de que se pueda discutir el nivel sistémico se debe hacer una evaluación, y el plan inicial para estabilizar a la persona tiene que entrar en efecto. Esto lo sé muy bien porque como sicólogo clínico suelen remitirme adictos cuya adicción se ha agudizado y su vida ha llegado a un punto caótico. Quizá un miembro de la familia me diga *Por favor ayúdelo; pienso que todo esto tiene que ver con la relación que él tenía con su padre*, a lo que respondería; *Tal vez, pero después de todo, no estamos listos todavía para ese tipo de conversación*. El trabajo sistémico será exitoso solamente cuando el adicto haya logrado alguna sobriedad y esté lo suficientemente estable y listo para hacer el trabajo interior e interpersonal más difícil.

Hay dos aspectos principales en el trabajo sistémico, *interno* e *interpersonal*. El trabajo interno suele implicar terapia individual y mirar a la vida del adicto, el nivel de importancia de sus relaciones familiares, entre otros elementos clave. El trabajo interpersonal trata con el estilo del adicto para relacionarse y sus actuales relaciones, incluyendo las relaciones con su familia, compañeros de trabajo y amigos. Los dos tipos de trabajo suelen desarrollarse de manera simultánea.

Imaginemos que yo como pastor, trato a Roy (que es alcohólico) y a su esposa y sus tres hijos que tienen diez, trece y quince años de edad. Tal cosa ocurre porque Roy ha aceptado la gravedad de su adicción y ha cooperado con un plan funcional, el cual incluye la abstinencia de todo tipo de bebidas alcohólicas, asistir a las reuniones de Alcohólicos Anónimos y recibir terapia. Habiendo logrado algo de distancia y claridad, Roy ahora es capaz de oír cómo su hábito de beber ha impactado a su familia. Llora y se disculpa por haber ocultado su adicción y por haberse puesto en riesgo y haber arriesgado la vida de sus hijos las veces que condujo intoxicado. Escucha con cuidado a su familia cuando cada uno de ellos cuenta cómo su hábito de beber los ha impactado personalmente. Es entonces cuando la confianza hecha añicos comienza gradualmente a ser reconstruida. Las relaciones interpersonales de Roy al fin pueden empezar a sanar.

Al mismo tiempo, Roy frecuenta a un terapeuta y su trabajo y objetivos son ahora claros: empezar a tratar de resolver sus problemas internos que han tenido origen en su familia. Su padre, sus tíos y su abuelo fueron todos alcohólicos funcionales muy parecidos a él, y su propia pena de ver salir a su padre rumbo al bar todas las noches y regresar borracho y emocionalmente aislado fue descubierta y expresada. Con el tiempo, Roy empieza a ver que su alcoholismo es sólo un síntoma de un problema más profundo. Lo que precedía su comportamiento era un sentimiento de intensa soledad y un dolor que lo ha acompañado durante muchos años. El licor llenaba el vacío y de hecho llegó a ser para él como un amigo. Con el alcohol él podía dejar atrás su sentimiento de soledad y aun de abandono, y sentirse empoderado e insensible a su dolor. Aunque al volver a estar sobrio siente otra vez el aguijón del vacío interior, se aferra valientemente a la esperanza de una unión más duradera.

Discusión del nivel transformacional

"Una unión más duradera". Intencionalmente uso esta frase porque creo que todo bienestar integral, toda sanidad y transformación ocurren en unión con Dios, a medida que la persona se despoja del *falso yo* y se libera de las dependencias, sometiendo su yo más profundo, el verdadero, a una dependencia del Señor. Este era el proceso necesario por el cual tendría que pasar Roy. No sólo necesitaría efectuar cambios funcionales de comportamiento y abordar los problemas sistémicos, sino que al abandonar su substituto del amor, el alcohol, sería transformado y se abriría a una nueva profundidad del amor de Dios.

Esta es la "terapia divina", como la llama el Padre Tomás Keating, quien escribe al respecto:

> La jornada espiritual no es la historia de una carrera o de una sucesión de éxitos. Es una serie de humillaciones

del falso yo, que llega a ser más y más profunda. Y esta abre espacio en nosotros para que el Espíritu Santo entre y sane. Lo que nos impide estar a disposición de Dios es evacuado gradualmente. Seguimos acercándonos más y más a nuestro centro. De vez en cuando Dios levanta una punta del velo y entra a nuestra conciencia a través de varios canales, como si nos dijera: "Aquí estoy yo. ¿Dónde estás tú? Ven, únete a mí."[12]

¿Dónde estás tú? Esta fue la pregunta que Dios hizo mientras buscaba a Adán y a Eva que se habían escondido. Y es la pregunta esencial a la que debe encontrar respuesta todo buen terapeuta, padre, pastor o amigo al tratar con un adicto. Es la búsqueda del verdadero yo.

Tan vitales como son las estrategias, y como es de decisiva la conciencia sistémica (con la consecuente aflicción y demás consecuencias), la sanidad profunda es la sanidad que se realiza en unión con Dios. Y el adicto, tal vez más que ningún otro, está preparado para este encuentro. Como lo ha demostrado Alcohólicos Anónimos con tan diáfana claridad, la jornada de sanidad de un adicto empieza con el reconocimiento de su impotencia, de que es incapaz de salvarse a sí mismo y que está totalmente a merced de un Dios compasivo. De hecho, este es también el punto en donde Jesús empieza su enseñanza reuniendo a sus impulsivos discípulos en una colina y diciéndoles: "Bienaventurados los pobres en espíritu, porque de ellos es el reino de los cielos." La palabra *pobre* en el idioma original describe a quienes han llegado al fin de sí mismos, a quienes han tocado fondo. Y no son solamente los adictos quienes lo necesitan. Todos necesitamos tal misericordia.

Mi deseo es que este proceso transformador fuera fácil, y de hecho poder describir un proceso mediante el cual todos pudiéramos ser liberados sin dolor de nuestras cargas. He pasado años orando por algunas personas esclavizadas por una adicción. He sido lastimado personalmente en diversas formas por adictos que han continuado sus jornadas autodestructivas con gran costo para mí y para otros. Pero también he visto transformaciones notables e impredecibles.

Pensemos en la transformación de Tricia, la joven que se hería a sí misma. Después de años de terapia para varios problemas, incluyendo el de causarse heridas ella misma, pudo lograr cierta medida de control funcional empleando una variedad de estrategias. Por ejemplo, llamaba a otras personas cuando se sentía tentada a herirse. Asistió a un grupo de apoyo, recibió ayuda de un terapeuta y se esforzó por crear una vida sana para sí misma al punto que logró controlarla. También pudo pasar de esta fase a la sistémica identificando el dolor en su vida que creaba la fea realidad interna de querer lastimarse ella misma. Pasó años afligiéndose por el abuso sexual sufrido. Y vio —correctamente— que cortarse era una manera de sentir dolor en forma de poder manejarlo y controlarlo. Y todavía lo hacía. Pero fue en un Viernes Santo cuando empezó para ella una sanidad y transformación más profunda. Estaba escondiendo las cicatrices de otro episodio de heridas cuando fue a la iglesia esa noche. Al caminar hacia el santuario de inmediato fue impactada por una serie de imágenes vívidas que se estaban viendo en la pantalla del frente, acompañadas por la cautivante música de las *Lamentaciones de Jeremías* de Palestrina. Y al sentarse, impactada por las imágenes del Cristo herido y sangrante en la cruz, echó una mirada a Isaías 53:5, en la carátula del programa de adoración:

> *"El castigo de nuestra paz fue sobre él, y por sus llagas fuimos nosotros curados".*

Aunque ella había oído muchas veces la predicación del mensaje del Viernes Santo, fue esa noche que el Dios que al parecer estaba tan lejos cuando era abusada sexualmente, ahora parecía tan cercano como su más íntimo amigo, incluso mucho más cercano. Este Dios habitaba en ella, y porque su vida estaba misteriosamente "escondida en Cristo" (Colosenses 3:3), ella no tenía necesidad de seguir hiriéndose a sí misma. Antes de esa noche sus lágrimas eran de autocompasión. Pero esa noche de Viernes Santo sus lágrimas fueron una liberación, una rendición o sometimiento, mientras una inmensa alegría llenaba los lugares que durante dos décadas le habían causado dolor. Esto es transformación y es un proceso en marcha en la vida de cada uno de nosotros.

El regalo de la adicción

Los adictos que han experimentado algo de lo que Tricia experimentó le dirán que la adicción fue y es un regalo. Conozco adictos que por largo tiempo han permanecido sobrios que todavía asisten a las reuniones regulares por la gracia y la sinceridad que reciben allí y porque hacerlo representa la oportunidad de apoyar a otros en sus luchas. También conozco a algunos que sienten como si llevaran la letra roja en su iglesia o lugar de trabajo, soportando la mirada juzgadora de un pastor o la inmisericorde compañía de un colega de trabajo que presume de justo. No obstante, estos hombres y mujeres también ven su adicción como un regalo, el cual los ha llevado a una nueva intimidad con Dios y a tener nueva misericordia para los demás.

A través de los años algunos pastores y líderes me han dicho que quienes han luchado con una adicción y han logrado una importante recuperación y transformación, son las personas más humildes, trabajadoras y sinceras que han conocido. He sido testigo de lo mismo. Pero también he visto un extraño fenómeno: hombres y mujeres que no necesariamente se pueden llamar "adictos" pero que se dan cuenta de cosas que los esclavizan y reconocen patrones adictivos similares. Reputación, poder, seguridad financiera y muchas otras dependencias sutiles nos pueden cegar, agotar nuestra energía, dañar nuestras relaciones e incluso bloquear nuestra profunda intimidad con Dios. Así, pues, en cierto sentido todos vamos en esta jornada hacia la recuperación.

Sin embargo, la visión que tenemos de nosotros mismos y de otros no es de mera sobriedad o cambio de comportamiento. La visión es de transformación. En cierta ocasión un terapeuta con mucha experiencia me dijo que la "cura" o el "remedio" verdadero que él ha visto para la adicción es una profunda experiencia de unión con Dios. El hambre y la sed del adicto sólo se satisfacen con esta unión y comunión, la cual ha llevado a muchos de ellos a encontrar gran alegría en el sacramento de la Eucaristía, en la oración contemplativa, o en largos períodos de silencio y soledad.

Aunque no desearía una adicción en mis hijas o en alguien que yo conozca, una cosa sé, y es que oro por la transformación de mis hijas, mi esposa, de mí mismo y de las personas para quienes soy líder. Y sé que este proceso necesario involucra la clase de humillación que nos lleva a la humildad, al quebrantamiento que conduce al sometimiento y dependencia de Dios. En el misterioso orden de cosas de Dios, quizás el adicto esté en mayor capacidad de demostrar una transformación.

CAPÍTULO 5

Amar a los necios: Cuando las relaciones se tornan desagradables

Los altivos caerán y los egos pretensiosos serán humillados. Sólo Dios es exaltado.

ISAÍAS 2:11 (EL MENSAJE)

El amor pone valientemente a un lado nuestra agenda personal para entrar al mundo de otros, teniendo en perspectiva su bienestar, dispuestos a correr el riesgo de sufrir con el fin de ser fragancia de vida, para algunos, y de muerte, para otros.

DAN ALLENDER

El que corrige al escarnecedor, se acarrea afrenta;
el que reprende al impío, se atrae mancha.
No reprendas al escarnecedor para que no te aborrezca;
corrige al sabio, y te amará.

PROVERBIOS 9:7-8

LAS PERSONAS DIFÍCILES CON LAS QUE TRATAMOS DIARIAmente quizá no luchen con trastornos de personalidad o adicciones. Algunas de ellas son sencillamente necias y otras

Amar a los necios: Cuando las relaciones se tornan desagradables

profundamente perversas. Esto lleva el difícil trabajo de amar a personas difíciles en un plano completamente diferente y que exige otro tipo de herramientas. A veces es un amigo en quien confía o un miembro del equipo el actúa de manera totalmente diferente a como lo hacía cuando usted lo conoció, traicionando su confianza y comportándose en formas que lo hacen cuestionarse si de verdad usted lo conocía o no. En otras ocasiones, quizá se enfrente a acusaciones torcidas y distorsionadas, o a amenazas que revelan las artimañas de un adversario cruel, calculador y astuto.

Como ya lo hemos admitido, somos muchísimo más complejos de lo que sabemos. Tal vez usted esté pensando en un oscuro secreto escondido en la bolsa larga e invisible que arrastra tras de sí. Tal vez, a veces se sienta un poco temeroso por sus propios pensamientos y acciones. Pero la verdad sea dicha, todos nos engañamos a nosotros mismos y a los demás. Sin embargo, hay una diferencia. Su sincero reconocimiento de motivos secretos y de estilos relacionales problemáticos muestra que ha adoptado una actitud decidida a arrancar todo lo que pudra su corazón y arruine sus relaciones. Las almas realmente necias o perversas típicamente no están conscientes de sus propios motivos y siguen adelante impertérritas y sin intimidarse por el resultado de sus acciones.

En este capítulo exploraremos la escabrosa y a veces peligrosa senda de amar al necio que actúa despreocupadamente de manera absurda y pecaminosa, con poca o ninguna comprensión de dónde provienen sus acciones o cuáles serán sus consecuencias para otros. Incapaz o carente del interés de vivir de acuerdo a la profunda verdad de lo que es en Cristo; quizá esté tan atrapado por su falso yo que esa es la única realidad que conoce. A quienes lo enfrentan con la verdad, les diría lo que los infieles embajadores del Rey Ezequías dijeron hace siglos cuando su necia forma de actuar fue cuestionada: "No nos den más visiones de lo que es recto. Dígannos cosas agradables, profetícennos ilusiones." (Isaías 30:10, paráfrasis). La Biblia llama "necia" a esta persona, alguien que no puede ver o no verá lo que es en sí su locura, por lo tanto no puede estar consciente o reconocer el daño que causa a sus relacionados por los desechos que deja tras ella.

La necedad en contexto

La Biblia generalmente ubica a la sabiduría y a la necedad en yuxtaposición. Sin embargo, solo tenemos que echar una mirada a nosotros mismos para reconocer que estas no son mutuamente excluyentes. Todos somos una combinación de ambas cosas: de sabiduría y necedad. Por eso es que la Biblia habla de la senda de la sabiduría y la senda de la necedad. La cuestión no es tanto de ontología, de nuestra naturaleza esencial, es más acerca de geografía, en dónde hemos estado y hacia dónde vamos. ¿Estamos abiertos y receptivos a la verdad de quiénes somos, o renuentes y resistidos a hacerlo? Después de todo, sabiduría es ver bien las cosas.

En uno de mis libros favoritos, Dan Allender y Tremper Logan visualizan tres categorías de pecadores: una persona malvada, otra que es necia, y el pecador normal.[1] Los autores admiten que estas categorías son más flexibles que rígidas. Debido a que somos complejos y porque mucho de lo que somos puede estar oculto a la vista, no es raro ver al así llamado pecador normal caer en un patrón de extrema necedad, incluso de comportamiento perverso. Mírese usted mismo. La mayoría de la gente podría pensar que usted es una persona bastante decente, y probablemente lo es. Es decir, hasta que es

Amar a los necios: Cuando las relaciones se tornan desagradables

provocado por un comentario de su cónyuge, o por una injusticia en el trabajo, o por un problema que lo irrita. Entonces viene la ira, o la amargura, o el cinismo. Tal vez sus hijos sufren el conflicto o un amigo termina pagándola. Peor aún, cuando lo confrontan, usted inventa excusas, le resta importancia al asunto, culpa a otros.

Pero horas más tarde, en la quietud de su alma, el incidente lo golpea. *Precisamente lo eché a perder*, se dice, y ve cuán ciego estaba. Cuando su *falso yo* retrocede, vuelve a ser usted mismo. Tal vez se siente como si se hubiera metido otra vez en su propia piel. Se echa un poco de agua en la cara y luego se pregunta ¿Qué me pasó? ¿Por qué ese arranque de ira? ¿Y por qué no lo acepto? Sí, ha hecho el papel de un necio. La diferencia entre usted y el necio es que usted ve ese comportamiento tal como es, y está dispuesto a responsabilizarse de este delante de Dios y de los demás. Usted ha regresado a la senda de la sabiduría.

Tal como yo la veo, la senda del necio sigue la siguiente secuencia progresiva:

El necio simplemente → El necio consumado → El necio perverso

A lo largo del camino, a cada paso aumentan la ceguera y la necedad, en la medida en que cada paso lo desvía de la senda de la sabiduría. Cada paso a lo largo del camino da vida a lo que yo llamo los *peligros de la necedad*: arrogancia, ceguera, e incapacidad para la empatía, para la compenetración con otras personas, los cuales exploraremos con mayor profundidad más adelante. Sin embargo, echemos una mirada breve mirada a este tópico a la luz de lo que hemos venido explorando en los capítulos previos.

Tal como y como entiendo la psiquis humana, nuestra tendencia a apilar gran parte de nosotros mismos en la bolsa invisible que arrastramos puede conducir a alguien a vivir una vida basada en un *falso yo* alienado con delicadeza, arrogantemente seguro de lo recto de su proceder. Bíblicamente a esto se le llamaría una *vida de necedad*. Aunque es cierto que no todos los necios sufren los trastornos de personalidad que discutimos en el capítulo 3, la necedad también es grandemente influenciada por la genética, el historial familiar, el abuso y por factores neurobiológicos o de otra índole. Aunque lo anterior no exime a nadie de su responsabilidad personal, sí nos invita a ofrecer a los necios mayor empatía, conscientes del complejo conjunto de circunstancias y experiencias que probablemente moldearon su personalidad.

El simplemente necio

Yudy era un cliente de 68 años de edad quien acudió a mí, su pastor, porque sus hijos adultos estaban exasperados con su comportamiento. Su hija Yila y su hijo Rob vinieron con ella para la primera sesión y explicaron que ambos matrimonios estaban tensionados por causa de la intrusión de Yudy, así como por sus raras tácticas de crianza de los nietos. Ella parecía una mujer agradable pero hacía caso omiso de las historias que Yila y Rob relataban, de sus constantes llamadas telefónicas, de sus visitas inesperadas y de su incapacidad de respetar ciertos límites.

Me contaron de las muchas ocasiones en que Yudy pasaba la noche cuidando de sus nietos, pero que abiertamente se negaba a seguir las instrucciones de ellos como padres. Por ejemplo, una vez la abuela Yudy cocinó filetes de pescado para sus nietos, sin importarle que a la pequeña Yesy le habían diagnosticado una alergia que le impedía ingerir pescado, lo que motivó una visita de emergencia al hospital. Ante el reclamo

Amar a los necios: Cuando las relaciones se tornan desagradables

de sus hijos, Yudy dijo: "Cuando ustedes eran niños, comían de todo. ¡Yo no creo en esa tontería de las alergias!" Arrogancia, ceguera, y la carencia de empatía son características de un necio. Yudy era en muchas maneras una buena mujer que incansablemente daba su tiempo a la despensa de alimentos de la comunidad y amablemente cuidaba de sus nietos. Pero sencillamente rehusaba respetar los límites claros y comprensibles que la mayoría de las demás personas reconocía. Simplemente creía que sabía lo que era mejor respecto a todo, desde las alergias hasta las visitas, y no estaba consciente del impacto que con ello causaba a los demás. Rob, Yila y sus cónyuges habían tratado de explicarle estas cosas y se lo habían dicho también mediante cartas y correos electrónicos, sin lograr resultados. Hablar con su pastor fue el esfuerzo final de sus hijos para manejar años de frustración.

Pasé seis sesiones con Yudy y hablamos de muchas cosas. Llegó a quedar claro que no era una persona con malas intenciones. Si de algo era culpable era de ignorancia. Pero, ¿por qué? No pasó mucho tiempo antes que pudiéramos vadear en las aguas profundas de su alma. Después de que el cáncer le quitó a su esposo Tim, Yudy no hizo duelo. Diciéndoles a los demás que estaba bien, se sumergió en la vida de otras personas ocupándose de ayudarlas cuando en su interior estaba realmente herida. Con el tiempo llegó a ver esta forma de actuar como el patrón para toda su vida. Cuando tenía doce años de edad se convirtió en "ayudante" de su madre cuando su padre murió, dejando atrás a su joven mamá y a cuatro hijos. Yudy se convirtió en la "pequeña mamá", involucrada demasiado en el cuidado y la crianza de sus hermanos e incapaz de disfrutar de sus años de adolescente.

Cuando Yudy empezó a dar salida a la pena a través de las lágrimas, comenzó también a ser consciente de los patrones que la habían gobernado durante toda la vida. Además descubrió que siempre había vivido su vida como la "ayudante", una idea que la entristeció y le causó repulsión. Un día gritó: "Quiero aprender a jugar golf, ¡porque *yo* quiero!" Para sus hijos esto fue un alivio extraordinario porque la madre había descubierto una vida que trascendía su identidad como ayudante. Y para ella fue ciertamente un extraordinario descubrimiento saber que tenía un Padre que la había amado todos estos años cuando ella estaba demasiado ocupada para recibir amor.

Al respecto, el pastor Craig Barnes escribe lo siguiente:

> Como las personas no están acostumbradas a explorar el misterio de sus propias almas, suelen resolver sus ansiedades espirituales intentando volver a arreglar algo externo… Pero no logran resolverlas aun haciendo cuantos cambios sean necesarios al ambiente que las rodea. Nunca encontrarán la paz que calme la angustia de su alma hasta que atiendan directamente este asunto.[2]

Los así llamados *necios simples* no son reacios a la senda de la sabiduría; sencillamente no saben cómo caminar en ella. Tal vez nunca nadie se las ha mostrado; quizá nunca la aprendieron. Sin ninguna intención de su parte, la senda de la necedad emerge como el *falso yo*, construido para sobrevivir en un mundo que puede presentarles muchos retos. Las vías neurales se forman y perduran cuando nuestro cerebro no conoce otras diferentes. Por eso es que puede ser tan difícil para el necio descubrir la verdad acerca de sí mismo. El necio simple suele necesitar a alguien sabio que ande con él a su lado con amabilidad, con misericordia y sin juzgarlo ni condenarlo. Tras años de frustración, Yila y Rob fueron incapaces de salirse de su actitud egocéntrica y reactiva para entender a la madre. Su relación con ella era demasiado cercana y estaban atados en esta

Amar a los necios: Cuando las relaciones se tornan desagradables

situación relacional. Esta situación es típica, por eso es que a menudo se necesita a alguien que esté fuera del círculo estrecho de relaciones para atender el alma.

Hay quienes dirían que a los hijos de Yudy se les debería confrontar por no "honrar" a su madre. *Ella es mayor y no está siendo malintencionada, así que, ¡déjenla!* Otros pensarían que es a ella a quien se debe cuestionar por su "pecaminosa" indiferencia hacia el bienestar de sus nietos. Sin embargo, los líderes diestros y quienes nos compenetramos con la gente vemos el cuadro completo. Tiramos una red grande y esperamos con paciencia sacar los hechos reveladores. Con el tiempo, lentamente reunimos todas las piezas de la historia. Con misericordia y atención les ayudamos a las personas a contar su historia de tal manera que arroje luz y sea comprensible para sí mismas. En muchos aspectos eso es lo que hace la predicación, el cuidado pastoral y un buen liderazgo.

En el desarrollo de nuestro trabajo somos tanto recolectores como contadores de historias, y la sabiduría está en la forma en que las entretejemos. Nuestro objetivo no es hacer que la gente se sienta mal o culpable. El objetivo es guiar a las personas para que hagan una sincera evaluación de sí mimas, lo que a su vez conduce a la sinceridad con Dios y con los demás. De modo que, ¿quiénes son los necios simples? Me temo que somos muchos. La necedad mete su horrorosa cabeza en mil maneras. Hablaba yo con un pastor quien recientemente reincidió en el problema de la pornografía, y lo negó ante su esposa hasta que fue descubierto. En muchos aspectos este hombre es un alma sabia. Pero los viejos hábitos no se rompen fácilmente. Espero que con misericordia y cuidado este hombre vuelva a la senda de la sabiduría. Sin embargo, tendrá que reconocer su insensatez al mentir y encubrirse, y el dolor que causa a otras personas.

También estoy consciente del necio simple que quizá es su esposo. Usted se casó con él porque era un buen tipo, leal y trabajador. Pero está destrozado emocionalmente. Todas las noches se duerme con una cerveza en una mano y un control remoto en la otra. Él la ama, pero se encuentra atascado. Necesita a alguien que le ayude a darle sentido a su historia.

El necio simple es el profesor universitario que es brillante pero atrofiado en sus relaciones. Responde a su petición de hablar respecto a una nota con una exclamación arrogante: "No tengo tiempo para estudiantes quejumbrosos". Pero en sus mejores momentos es dedicado e inspirador.

El necio simple es el individuo en su equipo de liderazgo que tiene grandes dones pero poca inteligencia emocional. No se despierta en la mañana con la intención de perturbar la oficina y causar frustración a los compañeros de su equipo. Sencillamente es ciego a una manera de relacionarse que finalmente le costará el empleo.

El necio simple es una espina en su costado, pero nada más que eso, no una piedra colgada en su cuello, es decir, no una carga que usted no pueda sobrellevar. Debe tener siempre en mente que la historia de esta persona es más extensa de lo que ahora usted conoce. Debe verla no como un problema por resolver sino como un misterio por conocer. Consciente siempre de su propia incapacidad de ver todos los componentes de esa historia, usted tiene la misión de vadear pacientemente sobre las turbias aguas de la relación con él, recordando siempre que en el fondo el necio simple anhela ser conocido y amado por Dios y por otras personas como usted. Bajo su frustrante y *falso yo* hay un alma portadora de la imagen de Dios, amada por Él y deseando que usted la conozca. Desarrollar una relación es siempre costoso, pero el esfuerzo vale la pena porque es una inversión en otra alma viviente.

El necio consumado

Brian llegó a ser director de mercadeo en la empresa para la cual trabajaba cuando apenas tenía veintiséis años de edad. Carismático e inteligente, superó a los ejecutivos más maduros pero no pudo engañar a Crista. Ella conocía el juego de Brian. Como vicepresidente de la compañía y la persona más cercana a su trabajo, sabía que él trataría de jugar el mismo juego con ella. Brian veía el mundo como una competencia y haría cualquier cosa para ganarla. El éxito era primordial para él, y Crista temía que sus tácticas no fueran conocidas por el ejecutivo principal y la junta directiva de la compañía, y que si las conocieran no las aprobarían. Como un ataque preventivo, Brian envió segmentos de algunos correos electrónicos que Crista había escrito, los cuales, editados acomodaticiamente parecían indicar que ella había perdido confianza en la capacidad de la junta de tomar buenas decisiones, y cuestionaba el buen juicio del gerente general de la compañía. Jubiloso le envió a Crista un correo con tan sólo dos palabras: *Te tengo*.

Arrogancia. Ceguera. Carencia de empatía. Brian posee todos estos defectos. Sin embargo, lo que Crista no sabe es que él es mi cliente. Como su terapeuta me ha hablado de su colega, y lo siento por ella. Las manipulaciones de Brian han puesto su posición y su futuro en peligro. Y estoy casi seguro que ella está preparando algunos correos que de alguna manera llamen la atención de sus superiores sobre este asunto. Está exasperada, tal vez dispuesta a poner en riesgo su posición de alguna manera con tal de salir del campo de juego de Brian.

Brian es un necio; un necio consumado. Él ha cruzado la línea y ha pasado de la ignorancia a la manipulación. En cierto nivel sabe lo que está haciendo, pero no conoce, con toda seguridad, la profundidad de la historia de su alma. Mi trabajo es arrojar luz sobre ella. Pero sabe que es un manipulador. Más aun, se alegra cuando conoce más de sí mismo. "Tiene toda la razón, Chuck —me dice—; yo haría cualquier cosa por estar en la cima." Pero ser consciente de su forma de obrar no lo ha llevado todavía a la humildad.

Brian es un narcisista. Y aunque el rótulo puede ser útil al discernir su comportamiento, también puede ser un obstáculo si me desvía del propósito de trabajar con él en un contexto de amor. Pero es un individuo difícil de amar. Yo desprecio su comportamiento narcisista y la manera en que éste impacta a las personas que interactúan con él. No obstante, en este punto del proceso terapéutico, realmente empieza a gustarme el Brian que veo tras la fachada. Él se presenta a sí mismo como todo un personaje. Pero yo lo conozco mejor. En realidad él es un muchachito inseguro. Su padre perfeccionista y controlador lo hizo practicar todos los deportes posibles mientras crecía, de modo que la vida llegó a ser de hecho un juego. Para él las mujeres también eran un juego, y mientras papá engañaba a mamá, Brian tenía que encubrirlo para que ella no se enterara. Su padre empezó a entrenarlo en mercadeo cuando sólo tenía seis años de edad. La meta era clara: el propósito de la vida era ganar.

Lo que como terapeuta yo sé ahora de Brian —pero Crista no— es que él se ha enamorado de ella. Inseguro hasta los huesos no sabe cómo abordarla y expresarle sus sentimientos reales, de modo que el amor se vuelve deporte también. Él ve su comportamiento como flirteo mientras que Crista lo considera humillación, pero Brian no puede entenderlo cuando se lo digo. "Ah, a ella le encanta, Chuck. Usted ha estado casado por mucho tiempo, no sabe un ápice de mujeres." Eso es lo que él dice, pero puedo ver en la expresión de su rostro que sí le importa, así sea solo un poco. Brian carece de empatía pero

Amar a los necios: Cuando las relaciones se tornan desagradables

su corazón no está muerto. En sus momentos más vulnerables brota un sentimiento en lo más profundo de su ser, pero cualquier sentimiento de amenaza lo regresa a su *falso yo*, virulento y competitivo. Ha soportado mucho dolor como para estar dispuesto a bajar totalmente la guardia.

Relato ambas perspectivas de esta historia, la mía y la de Crista, porque he podido ver bajo la superficie de la necedad autoconsumada de Brian. Y siendo sincero, lo que veo es que él es un pequeño muchacho lastimado e inseguro que se quedó atascado emocionalmente en sus años de adolescente, todavía jugando sus juegos, tratando aún de ganar. La clave para Crista y para quienes se relacionan con necios como Brian es hacer también lo que yo hice: ver bajo el áspero exterior su interior más suave y vulnerable. Cuando lo hagan dejarán de jugar el juego del necio, pero necesitan estar preparados para librar un tipo de batalla diferente.

Los autores Allender y Longman (que cité en páginas anteriores) llaman a la acción de lidiar con una persona así "guerra de guerrillas", porque tratar con un necio como Brian requiere sutileza y el elemento de la sorpresa.[3] Él siempre se esforzará por ganar su juego. Pero el amor es diferente. No es un juego. Es cruciforme, según el modelo del amor de Cristo. No lucha para ganar sino por el amor en sí mismo. Y aunque usted no logre ganar esta batalla, es la única digna de librarse.

Así que, ¿cómo amamos usted y yo un necio como este? Tengo algunas reglas cuando trabajo con el necio consumado. Si bien no encajan en todas las situaciones, sí sirven como un marco general para amar a personas difíciles como Brian.

En primer lugar, evalúese usted mismo. Para tratar con alguien como Brian necesitará un firme sentido de su profunda identidad con Dios; saber que por sobre cualquier cosa que pueda ocurrirle, es amado y está seguro. Un sentido de identidad fuerte y sólido le permite compenetrarse con un necio consumado con una actitud de seguridad y no de reactividad. Debido a que este tipo de necio busca una debilidad y se aprovecha de ella, su fortaleza y solidez le permitirán acercarse a él en forma amorosa pero firme. Y cuando su identidad esencial es sólida, nada de lo que haga el necio podrá lastimarlo.

Aunque ninguno de nosotros puede decir que tiene una perfecta identidad en Cristo, algunos sencillamente no estamos preparados para comprometernos con este tipo de personas por carecer de una identidad fuerte, estable y segura. Si su propia identidad no es segura y si no tiene a su alrededor una comunidad que le recuerde quién es usted, sus respuestas al necio consumado serán reactivas, volátiles y autoprotectoras. Necesitará la ayuda de su pastor, de un terapeuta o de una comunidad que puedan restaurarle su salud para dedicarse a su tarea una vez más.

En segundo lugar, aconsejo a la gente dejar de jugar el juego del necio cualquiera que sea su manipulación. Todo necio vive de acuerdo a un cierto patrón insano que absorbe a otros en su vértigo. Usted debe identificar ese patrón y hacer lo que pueda para vivir fuera de él y trascenderlo, aun si eso significa alejamiento, rompimiento, o pedirle a un jefe o gerente hacer un cambio de ubicación en el trabajo.

Ahora bien, negarse a jugar su juego puede provocar la ira del necio. Si su cónyuge es un necio abusador, parar el juego puede ser peligroso. En esta situación necesitará la ayuda de un terapeuta sabio y de una comunidad; quizá también de las autoridades. Para mantener su decisión recuerde que generalmente seguir con el juego no produce resultados. Tendrá que darse cuenta que está atrapado o atrapada en una batalla que no puede ganar. Crista llegó a estar tan intimidada por Brian que dejó de hablarle directamente y comenzó a comunicarse

Amar a los necios: Cuando las relaciones se tornan desagradables

mediante correos electrónicos. Todavía le hablaba pero superficialmente, proveyéndole así material para su propio ataque.

Lo tercero está estrechamente relacionado con el punto anterior: Aliente el establecimiento de límites claros. Debido a que el necio no es autoconsciente, continuará adquiriendo más poder. No obstante, el necio consumado puede ver la fijación de límites como otra parte del juego y tratará de encontrar una manera de violarlos. Una vez más, reitero que tener una identidad estable y segura le permite a usted permanecer firme cuando el necio trate en repetidas ocasiones ganar el juego. Un sentido claro de lo que permitirá, o no, puede protegerlo a usted y también pondrá al necio en evidencia. Si cruza uno de los límites quiere decir que será necesaria una mayor distancia. En un matrimonio se hará necesaria la separación. En otros casos puede ser necesario disciplinar o terminar con una relación. En la difícil situación en que Crista se encontraba debía decidir si estaba dispuesta a trabajar con esta relación disfuncional de trabajo o si buscaba otra posición.

En cuarto lugar, hábleles a ambas "personalidades" del necio: a la falsa y a la verdadera. Una de mis clientes le dijo a su esposo, un necio consumado: "Me gusta el esposo que surge cuando bajas la guardia, pero no puedo y no interactuaré con el esposo que se llena de ira y pierde el control." De acuerdo con la creencia de que algo más existe bajo el *falso yo*, uno está en algún grado comprometido con un necio consumado. Como ya nos lo recordaba Frederick Buechner: "La vida nos apalea y nos modela en todo tipo de maneras, pero la personalidad original con la cual nacimos todavía refleja el eco de su santidad original."[4] Es difícil ver esta santidad esencial bajo el necio, enojado, controlador, iracundo y manipulador. Recuerde que hablarles a ambas partes de una persona equivale a reconocer tanto la realidad de que algunas cosas no se pueden tolerar, como la esperanza de que hay un yo genuino que puede despertar y cobrar vida.

Quinto, debido a que amar a un necio exige una estrategia de guerra de guerrillas, la sorpresa y la sutileza son elementos clave. Con un necio consumado usted no lucha de frente y de manera directa. Tal vez por eso es que el apóstol Pablo en el capítulo 6 de Efesios, aconseja el uso de "armas espirituales". El acercamiento amoroso y conforme a la cruz a un necio no debe ser reactivo o conforme a la carne, sino provisto de armamento y sabiduría espiritual. Por supuesto, esta estrategia no es una invitación a permitir que su abusador se salga con la suya.[5] Esto lo pondrá a usted en el camino del amor, con la esperanza de perdón y reconciliación, a menos que haya muestras de que tal caso es algo imposible.

Podemos ver este enfoque en la confrontación del profeta Natán con el Rey David (2 Samuel 12). Natán usa una parábola para ilustrar el pecado de David. Y en los evangelios, con frecuencia Jesús utilizó las parábolas de manera similar. Jesús sabía lo que los psicólogos y neurólogos han descubierto en nuestro tiempo: que el lógico lado izquierdo del cerebro nos mantiene siempre en control y en el autoengaño, pero que el lado derecho, que es procesador de historias y metáforas, está más abierto a escuchar la verdad. El psicólogo Milton Erickson lo sabía e hizo de contar historias un arte que a menudo sorprendía e impactaba a sus pacientes al identificar en ellas sus propios asuntos.[6]

Durante una de las sesiones con Brian le pregunté si podía darme su consejo en relación con otro de mis clientes. A los narcisistas les encanta que los consideren expertos, y Brian aceptó gustoso, se sentó cómodo y escuchó con atención. Esto es lo que yo le dije:

Amar a los necios: Cuando las relaciones se tornan desagradables

Este padre ama muchísimo a su hija, pero no sabe cómo decírselo o demostrárselo. Recientemente ha empezado a darle cachetadas, no muy fuertes pero lo suficiente para causarle algún dolor. Mientras él ríe, ella empieza a llorar. Él afirma que está procurando llamar su atención, lograr una reacción, hacer que ella se comprometa... pero obviamente ella no lo ve de esa manera....

En este punto de la historia Brian se paró y furioso con el padre de mi relato, me dijo: "¿Cómo diablos piensa que él puede hacerle eso a su propia hija? Eso es estúpido. Es ridículo." Yo le respondí: "Pues, piénselo bien. Porque usted tiene una forma graciosa de mostrarle a Crista su interés por ella." El largo silencio posterior de Brian me mostró que la historia estaba desmoronando sus defensas. Muchas veces la sutileza y la sorpresa le pueden ayudar a ganar más terreno que la confrontación directa.

Finalmente, el amor puede requerir que usted establezca consecuencias significativas para el necio si este no entra en la senda de la sabiduría. Amor no es seguir al lado de alguien que continúa abusando de usted. Amor no significa ofrecerle misericordia eterna a un experto manipulador. El amor no es ni pasivo ni reactivo. Aunque parezca redundante, el amor actúa amorosamente. Y eso podría significar separación o divorcio, disciplina en la iglesia, o cualquier otra acción que marque el final del acto de amor. La palabra "disciplina" se deriva de la misma raíz de donde proviene la palabra "discipulado", y el discipulado a menudo requiere disciplina.

Donde quiera que establezcamos consecuencias debemos mirar al interior de nuestro corazón. Si las consecuencias son meramente punitivas, nos desviamos del propósito principal. En cualquier terminación, ya sea un divorcio, la finalización de una relación, incluso la ruptura de una comunicación, puede haber alivio porque la larga y dolorosa jornada ha llegado a un final, pero no es causa de alegría. Como bien lo expresan Allender y Longman: "El amor osado pone a un lado valientemente nuestra agenda personal para entrar con humildad al mundo de otros teniendo como objetivo su bienestar, dispuesto a arriesgar más dolor en nuestras almas a fin de ser un aroma de vida para unos, y aroma de muerte para otros."[7] Y el aroma de muerte, por causa del amor, es siempre una pena.

El necio perverso

En mis primeros años como terapeuta encontré a un hombre cuya reputación como cristiano parecía impecable, pero que arrojaba sombras sobre mí y mi compañero terapeuta. Parecía que se aprovechaba de las inseguridades de todas las personas. Citaba la Biblia con la cortante finura de una cuchilla de rasuradora, pero su mensaje era torcido y tenía el propósito de rebajar y humillar. Después de una sesión en la que enfrenté uno de sus arrebatos particularmente agresivos, me envió un correo con algunas de las palabras más claras, racionales y condescendientes pero relacionalmente torcidas que yo haya escuchado. Se dirigió a mí en una forma metódica, tanto que llegué a convencerme con vergüenza que había fracasado como terapeuta. Hasta que mi supervisora me leyó su correo en voz alta y pude escuchar lo que realmente estaba pasando.

Con paciencia y compasión pastoral trajo a la memoria de su aturdido e ingenuo estudiante el relato de la tentación de Jesús. Me recordó que Satanás cita la Biblia mejor que la mayoría de los teólogos. Y con voz calmada y razonada me dijo algo que nunca olvidaré: "Chuck, has sido atacado por un hombre perverso."

Amar a los necios: Cuando las relaciones se tornan desagradables

Mucho de lo que he dicho respecto del necio consumado aplica también para el necio perverso, pero existe una crucial diferencia. En cierto grado, la profunda esencia divina del necio perverso ha sido trágicamente cercenada. Su arrogancia y su ceguera dominan su ser y lo incapacitan para establecer una identificación mental y afectiva con los demás. Es un hecho bien conocido que Adolfo Hitler fue abusado cuando niño. El escritor George Víctor comenta que el padre de Hitler lo golpeaba con tanta frecuencia que este decidió no reaccionar aceptando el abuso con resignación (y algo de nobleza, según su propia opinión). Hitler también determinó no odiar a su padre. Al llegar a la edad adulta vistió uniforme militar tal como lo hizo su progenitor y portó una fusta con la que abusó sin misericordia de centenares de miles de personas. Cuando le preguntaban por su padre declaraba eterno amor y admiración por él. La fractura o desconexión psíquica era completa. Su ira encontró en los demás un chivo expiatorio.[8]

En julio de 2012 un joven estudiante de doctorado entró a un cine en Aurora, Colorado, durante la proyección de la más reciente película de Batman y disparó un sin número de ráfagas matando más de una docena de personas. Se llamó a sí mismo "El Guasón", el personaje antagonista ahora tan odiado de las series de Batman. ¿Por qué lo hizo? Aunque es un portador de la imagen de Dios, él también ha sufrido una ruptura patológica y trágica a un nivel profundo, la cual lo ha convertido en un sociópata.[9] Ahora aparecen en internet una cantidad de historias que intentan explicar el brutal cambio de comportamiento de un joven aparentemente brillante y estable.

Un día, mientras enseñaba acerca de este tema, un joven estudiante preguntó "¿No somos todos un poco perversos?" La verdad es que yo sí creo que la mayoría de las personas con las cuales hablo podrían contarme historias perversas, como haber asado un gusano en el horno de microondas, o destruido alegremente una colonia de hormigas, o peor aún, haber herido a un amigo de tal manera que todavía les causa pena y remordimiento. Porque conocemos nuestro propio corazón es que simultáneamente expresamos ira y compasión por un necio perverso. Sin embargo, no podemos negociar con tal tipo de personas.

El hombre que cita la Biblia y se aprovecha de las inseguridades de los demás no está fuera del alcance del amor de Cristo, pero su perversa manera de actuar no permite que tengamos con él ninguna tregua. Si me preguntan cómo distingo la diferencia entre un necio consumado y un necio perverso, diría "Sencillamente la conozco". Y supongo que usted también. El necio consumado ocasionalmente muestra vulnerabilidad. El necio perverso es impermeable, no se le puede hacer entrar en razón y es patológicamente invulnerable e inconsciente. Un ejemplo interesante del contraste entre estos dos tipos podría ser el caso de Pedro y de Judas. Es posible ver a Pedro como un necio consumado, por lo menos durante algún tiempo, mientras que Judas fue claramente perverso. Pedro probó su estatus con Jesús, mostrándose constantemente como el líder. Como Zelote que era, sabía cómo discutir y ganar una discusión. En ocasiones cuestionaba a Jesús en su propia cara. Otras veces le hablaba al oído como a un amigo. En su inconsciencia le prometió integridad y fidelidad pero más tarde, al verse amenazado, lo negó y lo traicionó. No obstante, fue este hombre quien surgió como líder clave en la iglesia naciente; un santo que escribió inspiradas epístolas y cuya obediencia en la muerte contrasta con la desconcertante duplicidad que mostró el hombre que una vez negó a Jesús.

Del otro lado, Judas solía permanecer fuera de escena. Lleno de enojo y resentimiento planeó destruir a Jesús. Sin la suficiente confianza para discutir con él públicamente, como lo hacía su amigo Pedro, permanecía silencioso. Era el tipo simpático, el religioso, el que asistía a todas las reuniones de la iglesia y cumplía sus promesas. Sin embargo, al final Judas traicionó al Señor aun cuando entendía que Jesús sabía lo que había en su corazón.

Pedro luchaba, cuestionaba y causaba frustración abiertamente. Pero Judas socavaba con sutileza. Pedro hizo el papel del necio consumado. Recuperó su conciencia al oír el canto del gallo y salió y lloró. Su amor por Jesús permaneció firme y estuvo con los demás discípulos durante los días horribles y a la vez maravillosos que siguieron a la crucifixión. Finalmente, Jesús lo confrontó con una punzante pregunta formulada tres veces: "¿Me amas?" Tras su sincera y sentida respuesta, "Tú sabes que te amo", Jesús lo reintegró al liderazgo diciéndole: "Apacienta mis ovejas" (Juan 21:15-17).

Por otro lado, Judas, el necio perverso, siguió siendo el adversario astuto y artero. Mientras aceptaba su beso traicionero, Jesús conocía la maldad de su corazón. "Lo que vas a hacer, hazlo pronto", le dijo. (Juan 13:27) Y mientras Pedro terminó profesándole su amor, Judas fue incapaz hasta el final de entenderse a sí mismo y en su desesperación optó por el suicidio (Mateo 27:1-5). No dudo que la gracia de Dios es lo suficientemente grande para aceptar a un Judas. Que Jesús incluyera a Judas en la Última Cena es una prueba notable de esa gracia. No obstante, la práctica sabiduría cotidiana del apóstol Pablo nos recuerda que llega un momento en que debemos separarnos del necio perverso (1 Corintios 5:13). Aunque los pasos explicados en la sección anterior son aplicables durante un proceso de discernimiento en tales circunstancias, con el tiempo llegará a ser claro que el necio perverso está actuando en un nivel enteramente diferente: ciego, arrogante, y completamente incapaz de sentir empatía. Su trabajo como terapeuta o consejero es proteger a otros de esta persona y orar para que de alguna manera la gracia de Dios pueda romper la garra mortal con la cual el mal tiene atrapada a esta alma.[10]

Amor conforme a la cruz

Como cristianos nuestro modelo para amar a otros proviene del amor sacrificial de Jesús. Este no es un amor que permite que el mal nos pisotee. El amor sacrificado de Jesús es activo pero no reactivo. Es un amor que sufre mil muertes por el bien de los demás. Llama por su nombre a la injusticia y al abuso; pero no vive esclavizado por una necesidad de venganza. Puede ver el cuadro completo sabiendo que la redención es una senda larga que hay que recorrer lentamente.

El amor conforme a la cruz nos pone en el camino de la sabiduría: una vía de mayor humildad, dependencia y honestidad. En este se nos recuerdan las sendas divergentes que tomó el escritor del libro de Eclesiastés, necio pero no obstante notable y fuerte. Como usted recordará, la absurda jornada que inició lo llevó a buscar la felicidad en una gran variedad de callejones sin salida: en el conocimiento, en las riquezas, en sus esposas, en la reputación, inclusive en la religión. Esta frase repetitiva expresa lo inútil y absurdo de su jornada: "Vanidad de vanidades". Y luego confiesa que tratar de encontrar vida en estos lugares de muerte no era otra cosa que "vanidad y aflicción de espíritu, y sin provecho debajo del sol." (Eclesiastés 2:11) Su amor no era conforme a la cruz sino egoísta. La suya era la senda del necio, una senda que rechazaba "el temor del Señor".

> *El fin de todo el discurso oído es este:*
> *Teme a Dios, y guarda sus mandamientos;*
> *Porque esto es el todo del hombre* (ECLESIASTÉS 12:13).

Sin embargo, a pesar de lo trágico que esto pueda sonar en nuestros oídos contemporáneos, no es una invitación a la ansiedad frente a un Dios terrible, sino a ceder el control, a ver que todos nosotros cruzamos en nuestra vida las sendas de la sabiduría y la insensatez.[11] Temer al Señor es humillarnos delante de Él. Y nos toma toda una vida aprender esa lección. Es una lección que todos necesitamos aprender. El otro día yo estaba hablando con un pastor, que es también un exitoso plantador de iglesias, y me dijo: "Me temo que los plantadores de iglesias exitosos como yo, somos un poco narcisistas." Entre risas y un poco de vergüenza, añadió: "Alguna vez he pisado a unos cuantos."

El problema surge si cerramos este libro después de este capítulo, diciendo: "Gracias, Dios, porque no soy *como los demás*" (Lucas 18:11). La sabiduría no permite eso. Y si todavía un suave murmullo en su espíritu le dice: "Debe haber algo de insensatez en mí", entonces, junto con el escritor del Eclesiastés forma usted parte de un grupo de muchos otros santos que van en esta montaña rusa de la jornada cristiana.

La sabiduría sea con usted.

Tercera parte

EL TRATO CON NOSOTROS MISMOS: LA MEJOR AYUDA QUE PODEMOS DAR A OTROS

CAPÍTULO 6

El crecimiento que produce el dolor

La noche oscura es un componente clave del propósito misional de Dios en el mundo.

DANIEL SCHROCK

El viaje se siente como la noche porque nos lleva hacia lo desconocido. Si el viaje cristiano fuera una rutina, pasar por la oscuridad y el desconcierto nos llevaría al desastre. Pero… transitar por los valles oscuros también forma parte de la vida cristiana.

IAIN MATTHEW

Al comenzar esta jornada tenemos que dejar el mundo de la certidumbre. Debemos encaminarnos con valentía hacia un extraño lugar lleno de riesgos, y donde hay mucho en juego; un lugar en donde hay problemas nuevos que nos exigen nuevas maneras de pensar.

ROBERT QUINN

Me hiero yo mismo el día de hoy para ver si aún siento
y hay algo que es muy real, y es que la aguja te pincha;
y el viejo estigma familiar, procura arruinarlo todo;
y yo lo recuerdo muy bien.

CANCIÓN "HERIDO" DEL GRUPO NINE INCH NAILS

El crecimiento que produce el dolor

EN 1989, EN UNA NOCHE SUMAMENTE HELADA EN EL ESTADO de Iowa, me encontraba solo y sin objeto alguno para seguir viviendo. El matrimonio de mis padres había terminado. A más de dos mil doscientos kilómetros de mi hogar en Long Island, no podía intervenir como debiera, como el hijo mayor y el más preocupado por el bienestar de mi familia. El matrimonio de mis padres que se desmoronaba era solamente una parte de todas las cosas que se estaban desintegrando. La que una vez fue modelo de familia cristiana ante los ojos de los demás, ahora estaba muy lejos de serlo. Nuestro frágil disfraz ya no podía soportar el dolor de la realidad. La separación de mis padres solo estaba exteriorizando lo que yo sabía era cierto y real: que nuestra felicidad era una ilusión, que la vida en sí parecía un chiste cruel.

Yo ya no podía seguir creyendo ni esperando. Todo esto solo me trajo mayor dolor y frustración. Un amigo me dijo: "Chuck, muchas familias tienen traumas." Pero es que esta era *mi* familia, y sentía que no era solo mi *familia* la que se estaba desintegrando, era toda mi visión del mundo la que se estaba haciendo añicos. Lo que yo veía como bien cimentado, estable y confiable, no lo era, y eso provocó una interrogante mayor: ¿Dios, podía, sentirme seguro en una frágil y precaria existencia como esta? Esa noche no podía.

Cuando era más joven utilizaba mi bicicleta o mi carrito para huir de la locura, pero con la esperanza de hallar algo más sólido. Cuando llegué a los quince años de edad me aventuré en mi motocicleta a dar un paseo que me llevaría aún más lejos. Y cuando ya pude manejar un vehículo, me dirigí al norte dentro del estado de Nueva York buscando un retiro entre las serpenteantes montañas y en las grandes cataratas del Niágara. Pero esta noche buscaba un tipo de retiro más radical. Aunque no estaba en plan de suicidio, ya no me importaba la muerte.

EL TRATO CON NOSOTROS MISMOS

Al tomar la carretera B-40, aceleré. Era de noche y había hielo en el suelo. Y estaba solo en la carretera, lo cual era normal a esta hora de la noche en una autopista de Iowa. Seguí acelerando. Cuando la aguja del velocímetro de mi viejo auto modelo 85 marcó casi 130 kilómetros de velocidad, apagué las luces delanteras y aceleré aún más. Pero cuando llegó a los 160 kilómetros por hora, algo se conmovió en mi interior que provocó mis lágrimas; lágrimas abundantes y convulsivas que brotaban desde adentro e inundaban mis ojos. En la bruma de los siguientes minutos me encontré doblado en el asiento delantero de mi auto, detenido y gimiendo: *"Duele tanto... pero tanto..."*

Yaciendo en posición fetal en mi carro esa noche me sentí como un bebé impotente que deseaba la seguridad de un vientre materno, un lugar seguro en donde pudiera sentirme protegido. Pero nada parecía seguro. Aunque nuestra cultura pregona optimismo y seguridad, muchos nos sentimos de cualquier otra manera, menos optimistas y seguros. Esto me lo recuerdan diariamente las personas que se sientan conmigo a contarme de sus mundos que se derrumban. De hecho, como pastor tengo la misión de decirle a la gente que lo que considera seguro (sus ingresos salariales, sus títulos, su belleza) es fugaz, momentáneo, efímero. Pocos lo quieren oír, y a los pastores ya no les gusta mucho decirlo. Pero debemos hacerlo y recordarles que es necesario reconocer y lamentar cada fracaso, cada pena y cada desengaño. Hemos sido cómplices de muchas maneras con nuestra cultura en hacer que nuestra gente sea incapaz de tratar con la pérdida, el dolor, el fracaso y la desesperación. Jerry Sittser afirma lo siguiente: "Las personas que adoptan una actitud de negación rehúsan reconocer lo que es la pérdida: algo terrible que no se puede cambiar. Pero su negativa a enfrentar el dolor tiene un precio... Al final, la negación conduce a una pérdida mayor."[1] Y esta pérdida mayor viene

El crecimiento que produce el dolor

con un gran costo, particularmente para los líderes. Aunque hemos sido entrenados para motivar y animar, nos hallamos perdidos en medio del dolor sin sentido. En muchos aspectos, lo que me motivó a escribir este libro fueron los correos electrónicos de pastores y líderes que imploraban por algo de guía en medio de los momentos oscuros, algo que los seminarios, los programas académicos y los líderes de las instituciones educativas no enseñan.

Para este capítulo, pido le permita a un monje español del siglo dieciséis ser su maestro. Irónicamente él fue un líder aunque nunca se propuso tener la influencia que tuvo. Fue un revolucionario de su tiempo que corrió el riesgo extraordinario de desafiar el movimiento monástico estancado y carente de gracia y proponer un cambio radical.

La visión de un monje

Tengo la convicción de que si San Juan de la Cruz viviera hoy sería el más preocupado de ver la cantidad al parecer sin límite de las comodidades que la gente disfruta. A San Juan se le conoce por oponerse a tales comodidades. Nacido en la pobreza en el año 1542, perdió a su padre a una edad temprana y vivió mudándose de un lugar a otro con la madre y los hermanos para poder sobrevivir. Como les ocurrió a muchos en su tiempo, probablemente encontró atractiva la vida monástica debido a su necesidad de seguridad y estabilidad. Pero no pasaría mucho tiempo sin que se diera cuenta de lo falso que era ese atractivo. Al vivir en el mismo siglo en el que ocurrió la Reforma Protestante, San Juan, al igual que Martín Lutero y otros, reconoció la esterilidad de la cómoda vida monástica de su tiempo. En su opinión, sus hermanos Carmelitas estaban usando la vida monástica como un tipo de falsa seguridad, una manera de evadir las demandas de la vida de acuerdo a la cruz. Más aún, San Juan sintió que ellos pasaban por alto el amor, el cual es la esencia de la vida espiritual. Después de todo, esa vida era una ardiente y apasionada relación con Dios para el bien del mundo, algo de lo que estos cómodos monjes sabían poco. Así que San Juan habló. Y como les ocurrió a los profetas que le precedieron, fue despreciado, rechazado y finalmente encarcelado.

La vida en prisión en los tiempos de San Juan era terrible. Su celda era fría, oscura y solo un poco más grande que su propio cuerpo. Sistemáticamente sufrió la burla y los azotes, todo por cuestionar el confortable estilo de vida que veía entre sus hermanos. Pero los sufrimientos de la prisión arrancaron de él las profundas capas de su falsa seguridad personal. Al respecto, Iain Matthew escribe: "Como si la anestesia que la vida normal inyecta hubiera cesado, su ser interior quedó limpio y ahora anhelaba, como no le ocurría antes, a un Dios que categóricamente lo trascendía."[2] Paradójicamente la prisión no endureció a San Juan, más bien encendió en él un amor más ardiente preparándolo en última instancia para dirigir un movimiento.

Tras escapar de la prisión, San Juan formó una nueva orden monástica con la ayuda de su amiga y directora espiritual, Teresa de Ávila. Fue una orden modelada por una visión que Juan tuvo en prisión; una visión de una noche oscura del alma, la cual le trajo más luz, un amor más profundo y un sentido más claro que el que antes tenía de lo que era su misión en la vida. Saturado de las imágenes del libro bíblico el Cantar de los Cantares, en su visión visualizó a Dios y a la iglesia en un apoteósico romance amoroso que incluía tiempos de gran dolor y ausencia, seguidos por reuniones espectaculares. Al respecto, Matthew escribe:

El crecimiento que produce el dolor

> Él presenta la relación con Cristo como una aventura y, en su opinión, lo negativo de la vida es parte de esa aventura. La jornada tiene que producir un sentimiento de oscuridad porque conduce a lo desconocido. Si el cristianismo significa mero continuismo, entonces la perplejidad de la oscuridad auguraría desastre. Pero… la oscuridad es un estado de la vida cristiana.[3]

San Juan asume que sin la oscuridad usted y yo estaríamos atrapados sin poder hacer nada en imágenes ilusorias de la buena vida. Y nos plantea esta difícil pregunta: "¿Está usted ofreciendo el evangelio o predicando una ilusión?" Para San Juan, la noche oscura es el remedio para nuestra arrogancia, nuestra ceguera y nuestro vacío de empatía.

Exploremos los tiempos de oscuridad que suceden en nuestras vidas la oscuridad

¿Qué sería "la noche oscura del alma?" Suena como algo misterioso, incluso un poco espeluznante. ¿Es un mal día? ¿Un grave fracaso? ¿Una pérdida trágica? ¿Una profunda depresión? Algunos arguyen que San Juan solo estaba escribiendo sobre algo que nosotros identificamos como mera enfermedad sicológica. Los psicólogos modernos, sospechosos del lenguaje religioso, han interpretado fenómenos tales como los profundos lamentos de dolor que describen los Salmos, las Lamentaciones y el lenguaje bíblico de abandono como nada más que depresión clínica. Otros ven la noche oscura como una ilusión solamente. Pero hay quienes la ven como la proyección espiritual de una faceta oscura que tiene todo ser humano. Su lenguaje era adecuado para los monjes primitivos, pero para los ilustrados también es empíricamente comprensible y manejable.

En nuestro mundo contemporáneo es fácil mofarse del pensamiento aparentemente primitivo de un monje español. Pero San Juan de la Cruz y Santa Teresa de Ávila comprendieron que la dinámica sicológica, no solamente la dinámica espiritual, suele tener un rol en la experiencia de la noche oscura. Aunque carecían de la categorización y las definiciones modernas, mostraban un agudo discernimiento psicológico. San Juan enseñó que la melancolía o la depresión a menudo acompañan la noche oscura. La experiencia no fue ni lo uno ni lo otro pero mostraba la interrelación de lo sicológico y lo espiritual. En medio del dolor, la confusión, la desesperación, incluso de los sentimientos de abandono, Dios estaba obrando.

Como pastores y líderes podemos aprender de estas almas sabias. Considere el fragmentado pensamiento dualista del mundo moderno. A menudo los psicólogos ven la depresión como un problema meramente neuroquímico que requiere solución mediante medicación y terapia. Y muchas veces también los pastores espiritualizan los trastornos psicológicos cuyo tratamiento requiere de habilidad adicional. Esta división habría sido completamente extraña para Santa Teresa y San Juan.

Pero Una lección que aprendemos de los antiguos místicos es que las noches oscuras no son solamente problemas sino también oportunidades. Comprender esta realidad nos lleva más allá de la pregunta ¿Cómo soluciono esto? hacia otra interrogante, ¿Qué me está diciendo Dios con esto? En nuestro contexto norteamericano solemos ver el fracaso y las luchas como desviaciones irregulares de lo que se supone debe ser el suave y recto camino de la vida. Esta clara perspectiva de la mentalidad occidental también impacta sutilmente nuestras percepciones cristianas. De ahí que los pastores consideren

El crecimiento que produce el dolor

la depresión, la duda o el distanciamiento de una persona de Dios como obstáculos en el ministerio y no como oportunidades para el mismo. Los líderes ven sus fracasos y debilidades como obstáculos para el éxito y no como pozos de sabiduría de los cuales pueden beber.

La negra noche del alma bloquea nuestros vanos intentos de encontrar a Dios o de dominar al mundo en nuestros propios términos. Sin embargo, nos despierta a la realidad de que no somos Dios. En mi trabajo encuentro que esto es exactamente lo que la gente quiere descubrir. Pastores y líderes a menudo me dicen que les gustaría aprender a relajarse, a no tener tanto el control, a conocer a Dios más pura, sencilla y profundamente. Hay pastores que están agotados, líderes que se están quemando. Desean algo más pero temen perder el control, el poder, la credibilidad o el respeto. Hemos convertido a la oscuridad en enemiga. Pero tenemos que verla como una amiga.

Rastreando las sombras oscuras en nuestro pasado

Cuando salí de mi viejo auto en aquella noche fría y oscura, sabía que necesitaba terapia. Programé una cita con nuestro consejero escolar para la siguiente semana. Él me hizo algunas preguntas y al parecer tuvo categorizada a mi familia en unos treinta minutos. Identificó como mi primer problema a mi madre, quien durante años batalló valientemente contra el alcoholismo antes de que yo naciera. Mi segundo problema fue mi padre, quien trabajó incansablemente para mantener a su familia. El consejero me dio un libro para que lo leyera, junto con unas cuantas palabras de ánimo. Cuando salí de la cita llevaba un poco de discernimiento y todavía una enorme acumulación de dolor.

Las familias suelen ser fuente de nuestra última disfunción, gran cantidad de buen trabajo clínico gira en torno a asuntos familiares sistémicos. Pero en el esfuerzo por hallar una causa o un culpable de nuestras dificultades, es fácil pasar por alto la oportunidad de rastrear la sombra oscura a través de nuestro pasado y hasta nuestro presente. En el capítulo 2 reflexioné sobre la bolsa larga e invisible que todos arrastramos tras nosotros, llena con aquellas partes nuestras que consideramos no deseadas, feas o deficientes. Aunque mamá y papá pueden ser parte de tal bagaje, cada uno de nosotros tiene la responsabilidad de abrir su propia bolsa, analizar su contenido y reflexionar sobre lo que este significa para sí. Cualesquiera que sean las sombras que proyecta, depende de nosotros convertirnos en adultos y aventurarnos dentro de los lugares oscuros de nuestra vida asumiendo la responsabilidad por la forma en que vivimos ahora.

Un plantador de iglesias muy eficiente que conocí dio inicio a dos florecientes congregaciones. Su éxito aparente ocultaba el hecho de que su familia vivía confundida y que él sufría de una constante depresión de bajo nivel. Finalmente descubrió que ningún grado de éxito podía iluminar su oscuridad. Así que decidió abrir a tiempo su bolsa larga e invisible en donde escondía varios incidentes de abuso sexual en su pasado. Se dio cuenta que a partir de esas terribles experiencias él había determinado no ser vulnerable otra vez. Su respuesta autoprotectora fue volverse impenetrable: un hombre esforzado, trabajador e incansable. Llegó a preguntarse en qué forma el vivir de esta manera había afectado su alma, su matrimonio y a toda su familia. Aunque reconoce que Dios obró a través de él y a pesar suyo, ahora cuestiona la totalidad del modelo de liderazgo por el que abogaba y el cual enseñó a muchos líderes e iglesias. Él ha identificado sus sombras del pasado, ha hecho el trabajo

El crecimiento que produce el dolor

difícil y ahora se proyecta hacia adelante con mayor alegría y profundidad que antes.

Pero esta no es su historia. La historia de cada persona es única y solamente usted puede descubrir lo que significa rastrear las sombras de su pasado. No todos necesitan terapia. Pero sí creo que a veces todos necesitamos aminorar la marcha y echar una mirada cuidadosa a nuestra vida. No queremos ser la gente que el pastor presbiteriano John Flavel describe: "Hay algunos hombres y mujeres que han vivido cuarenta o cincuenta años en el mundo y han tenido escasamente una hora de diálogo con su corazón durante todo ese tiempo."[4] Cuidar de sí mismo no es egoísmo. Es algo vital para llegar a tener una salud espiritual integral. El gran San Juan de la Cruz creía que todas y cada una de las personas —no solamente los monjes o los muy espirituales— necesariamente experimentan una noche oscura del alma, aunque algunos deciden ignorarla y pierden así el beneficio que ella produce. Pero también creía que debido a que los seres humanos son complejos, cada persona experimenta esta noche oscura de manera diferente. Un monje Carmelita de nuestros días escribe al respecto: "A los guías espirituales que quisieran meter a la gente en moldes, [San Juan] les dice que "Dios lleva a cada persona por una senda diferente, de tal modo que usted escasamente encontrará a dos personas siguiendo la misma ruta en siquiera la mitad de su jornada hacia Dios."[5]

San Juan nos exhorta a abordar con sabiduría y paciencia las historias singulares de las personas, descubriendo lo que Dios revela en cada una de ellas. Penetrando en la oscuridad en vez de tratar de manejarla o solucionarla, entramos a una vida liberada de la esclavitud del orgullo y las posesiones, o de falsas seguridades de todo tipo; una libertad que nos impulsa hacia la misión singular que Dios tiene para cada uno de nosotros.

EL TRATO CON NOSOTROS MISMOS

El propósito de la noche: transformación

La noche oscura no es una invitación a un sufrimiento sin fin sino a una transformación. Pero nuestro temor a la oscuridad puede impedirnos recibir su beneficio. El teólogo F. LeRon y el psicólogo Steven Sandage, al hablar de la noche oscura la describen de este modo:

> A menudo, la transformación espiritual se aborta en sus comienzos porque es difícil enfrentar la amenaza de las profundidades de la oscuridad; es una tentación el volver a la confortable somnolencia de la vida que se llevaba antes de la experiencia del despertar. Sin embargo, es precisamente soportando la oscuridad, a medida que busca el cumplimiento de la promesa de un nuevo ser, que una persona se abre a la experiencia de la "iluminación". Es cuando se experimenta un nuevo sentido de paz y alegría en la presencia de Dios.[6]

En otras palabras, la noche oscura rompe el tejido de nuestras realidades construidas cuidadosamente, tanto que somos propensos a elegir una "confortable somnolencia" en vez de una paradójica vía de descenso que conduzca a la transformación. La noche oscura capta nuestros temores más profundos: una profunda sensación de abandono, soledad, y de estar a la deriva en un mundo tumultuoso. ¿Quién en sus cinco sentidos se aventuraría en este hoyo negro?

Hace algún tiempo estuve en una fiesta celebrando el aniversario cincuenta de una pareja. Su hijo, sentado junto a mí, parecía consternado, teniendo en cuenta que estábamos en una celebración para sus padres. "¿Sabe Chuck? —me dijo—, durante veinte años ellos han dormido en camas separadas. Estamos celebrando un engaño." Y siguió contándome que el

El crecimiento que produce el dolor

temor más grande de su madre era estar sola. No obstante, en vez de enfrentar su temor, ella optó por la contemporización. Y su esposo, en vez de tratar con su profunda soledad, halló refugio en relaciones adúlteras. Trágicamente eso es lo que ocurre cuando ignoramos la noche oscura. Tratando de manejar nuestro dolor, nos predisponemos a un dolor mayor. San Juan dice: "Mientras más resoluciones hacen, más grande es su fracaso y mayor su molestia, siendo que no tienen la paciencia de esperar por lo que Dios les dará."[7] Daniel Schrock escribe al respecto: "Por increíble que parezca, nuestra experiencia de vacío indica la poderosa obra de Dios oculta en nuestro interior. Nuestra desesperación testifica también de nuestra esperanza, y nuestra agonía nos prepara para el crecimiento espiritual."[8] En última instancia la noche oscura nos expone al bisturí quirúrgico de Dios, el cual extirpa cualquier mal canceroso de nuestras almas. En la oscuridad empezamos a ver la verdad de nuestros falsos dioses y la frágil seguridad que nos brindan otras cosas. La negra noche nos ofrece la oportunidad de una libertad más grande: libertad de la pretensión de nuestros vanos esfuerzos por gobernar nuestros mundos; libertad de las cadenas del temor y del control que esclaviza nuestros corazones. Tomás Merton, gran monje del siglo veinte y además escritor espiritual, describe la tragedia de vivir una vida ilusoria que suprime nuestra capacidad de vivir y de amar:

> Cada uno de nosotros vive a la sombra de una persona ilusoria: un falso yo. Es el individuo que yo mismo quiero ser pero que no puede existir porque Dios no sabe nada acerca de él. Y ser desconocido por Dios ya es demasiada privacidad. Mi yo falso y privado es el que quiere existir fuera del alcance del amor y la voluntad de Dios… fuera de la realidad y fuera de la vida. Y tal yo no puede ser más

que una ilusión. Para la mayoría de la gente en el mundo no existe una realidad subjetiva mayor que este falso yo suyo, el cual no puede existir. Una vida dedicada al culto de esta sombra es lo que se llama una vida de pecado.[9]

El erudito en Antiguo Testamento Walter Brueggemann hace notar que sin la noche oscura, incluso nuestra adoración es propensa a ser una cierta clase de inautenticidad psicológica. Cuando la comunidad de Dios se reúne disfrazada con sus máscaras y cada uno con su persona pública, la adoración está atada y es trivial; carece de sinceridad y autenticidad. Por eso cuando vivimos esta vida ilusoria, vivimos entre nosotros como personas falsas, socavando nuestra capacidad de amar a Dios y al prójimo. Nuestro amor siempre es artificioso y afectado, condicional y egoísta. Nuestras iglesias y organizaciones se convierten en lugares en donde el amor no puede crecer, prosperar y motivar la misión. Nuestro liderazgo llega a ser motivacional, moralista y manipulador, inspirador momentáneo pero carente del carácter que conlleve a una visión más profunda.

Aceptemos nuestras propias noches oscuras

Al principio la oscuridad parece misteriosa y desconcertante. ¿Quién en sus cinco sentidos querría abocar esta así llamada aventura de penetrar en las regiones más intimidantes de su alma? Si bien la oscuridad quizá sea pertinente para los monjes y místicos, nuestra intuición nos aconseja mantenernos alejados de ella.

Hace algunos años dirigí un retiro cristiano para matrimonios al que llamé "La Muerte de su Matrimonio", un título sugestivo, sin duda alguna. Afortunadamente, aún así algunas personas asistieron. Aunque la mayoría de las parejas llegó con la esperanza de recibir los mejores principios para un matrimonio exitoso, yo fui para decirles que el secreto de su éxito radicaba en examinar las partes despobladas en su cuero cabelludo así como los temores y las luchas conjuntas en su vida. Les dije que no podría ocurrir un cambio hasta que fueran realmente sinceros respecto al caos en que se encontraban. Les dije que sus matrimonios empezarían a prosperar realmente a medida que descartaran versiones irreales de la "vida feliz". Que en algún nivel los matrimonios necesitan morir para vivir realmente. Como era de esperarse, la mitad de las personas del auditorio salieron más esperanzadas del éxito personal y de sus matrimonios de lo que alguna vez estuvieron. La otra mitad salió desconcertada. Así lo esperaba. Después de todo, la noche oscura es contraintuitiva. Es paradójica y parece una locura total. ¿Quién quiere morir? Al menos yo no. De hecho, haría todo lo posible por sobrevivir. Mis instintos me dicen que patee, que grite, y que como pueda mantenga mi cabeza fuera del agua. De igual manera, la depresión que a veces se apodera de mí hace sonar una alarma en mi interior que dice *Soluciona esto. Tómate una pastilla. No lo consideres tan malo. No te rindas.* Quizá predique cosas como estas, pero realmente es difícil vivirlas.

Pero algo aún más profundo dentro de mí (y sospecho que dentro de usted también) me dice que San Juan estaba cierto en algo. Al mirar alrededor los arreglos baratos realizados por nuestra cultura, incluso por nuestras iglesias, la sabiduría del viejo monje irrumpe con una nueva y extraña relevancia. Es algo tan loco que podría funcionar. El experto en liderazgo y administración Robert Quinn está de acuerdo con lo anterior. Quinn ha abandonado valientemente muchas de las ideas respecto al liderazgo motivado por el éxito y la realización, en favor de algo más radical, algo que él llama "cambio profundo". El señor Quinn cree que los líderes están atrapados en patrones predecibles y desgastantes al punto que están demasiado inclinados a controlar y demasiado temerosos del cambio. Él aboga porque "viajemos desnudos a la tierra de la incertidumbre", y propende (mejor se inclina) por una "transformación individual, por un cambio de identidad". Al respecto dice: "Al embarcarnos en la jornada, tenemos que abandonar el mundo de la certeza e iniciar con valor una jornada hacia lugares en donde hay gran cantidad de riesgos y mucho en juego; un lugar en donde hay nuevos problemas que exigen que pensemos en nuevas soluciones."[10] Quinn les dice a los líderes que enfrenten la oscuridad.

Pero en ocasiones, en realidad no elegimos este sendero; la pérdida, el dolor o el fracaso nos empujan a él. Conocí a un pastor que se mudó a una ciudad mediana llevando consigo lo que pensó era la receta para el éxito en su nueva congregación. En tres años quitó las bancas, instaló un proyector y grandes pantallas, desechó la vieja liturgia e hizo una total revisión del estilo y la cultura de la iglesia. Al hacerlo, prácticamente acabó con la iglesia. En vez de atraer a la gente, los cambios provocaron la salida de muchos. Además, los miembros más unidos de la comunidad lo vieron como un charlatán. Y se corrió la voz. En cinco años estaba vendiendo carros. Dolido y vacío enfrentó su propia noche oscura. Tiempo después me dijo: "Chuck, crecí y aprendí mucho durante aquel año. Era un adolescente que no tenía mucho de pastor jugando con las cosas espirituales. Ahora pienso que ya podría estar listo." Jerry Sittser dice al respecto: "Muchas veces una pena profunda produce el efecto de despojar la vida de simulaciones, vanidades y de lo que le sobra. Nos obliga a hacernos preguntas elementales en cuanto a qué es más importante en la vida… . Por eso es frecuente

El crecimiento que produce el dolor

que muchas personas que sufren pérdidas graves y repentinas se convierten en personas diferentes."[11] La noche oscura nos hace crecer. "Caemos hacia arriba", dice el sacerdote franciscano Richard Rohr. Acerca de los que se resisten a la noche oscura, también dice: "Al negarse al dolor evitando la necesaria caída, muchos se han negado a descender a sus profundidades espirituales y con ello se han perdido también sus propias alturas espirituales."[12]

La invitación de la noche oscura a mirar en nuestro interior, supone que existen en nosotros partes extensas que no han sido expuestas a la extraña iluminación de la oscuridad. A fin de poder guiar a otros tenemos que aventurarnos en la tierra de la incertidumbre corriendo el riesgo de muerte. Pero como lo dice el apóstol Pablo, muriendo encontraremos la verdadera vida, tal vez por primera vez. (Gálatas 2:20)

Entendamos la oscuridad que proviene del mundo

Lo que es válido para nuestras propias almas también lo es para el mundo oscuro y al parecer sin esperanza en el cual vivimos. Pero la misma gloria que está a nuestra disposición, está disponible para el mundo en que vivimos si tan solo puede visualizarla. Según Daniel Schrock, "la noche negra es un elemento clave del propósito misionero de Dios en el mundo."[13] Es el reconocimiento de que así como nosotros, el mundo no es lo que se supone que es. Es una revelación de las maneras en que nuestro propio egoísmo, sabotaje y manipulación radical llegan a exteriorizarse en las instituciones y estructuras en las cuales trabajamos y operamos. Sin embargo, es triste que el mundo en el que vivimos juega el mismo juego de autoengaño que nosotros jugamos.

La noche oscura invita no solo a los individuos sino también a las iglesias y a las naciones a tomar en serio el pecado y el quebranto del mundo. Nos exige reconocer momentos en nuestros negocios o iglesias, y aun en nuestra nación, en los cuales el orden imperante se encuentra amenazado y la incertidumbre perdura. A menudo les he dicho a líderes y pastores que los tiempos de lento crecimiento, de estancamiento o de dificultades financieras pueden ser noches oscuras, momentos oportunos para preguntarle a Dios ¿Qué estás removiendo de nosotros en este momento? Ignorar la noche oscura significa que ignoramos la obra persistente de Dios de exponer y revelar la verdad acerca de nosotros y del mundo en que vivimos. Al respecto, Miroslav Volf escribe:

> No puede haber redención a menos que se cuente la verdad acerca del mundo, y se haga justicia. Tratar el pecado como si no existiera, cuando de hecho está presente, equivale a vivir como si el mundo fuera ya redimido cuando en realidad no es así. La verdad de la redención se ha degenerado hasta convertirse en una ideología vacía; una ideología peligrosa.[14]

Ignorar el pecado y el quebrantamiento del mundo devalúa los propósitos redentores de Dios y nos deja con una ideología vacía y peligrosa, y quizá con un dios vacío y peligroso también. El Dios que ama al mundo nos invita a aceptar el quebrantamiento de este, a reconocer la simulación, el engaño, la injusticia, las interpretaciones acomodaticias y el manejo de imagen que invade a nuestras empresas e iglesias y a nuestros sistemas políticos, sociales y financieros. Entrar a la noche oscura del mundo llega a ser entonces una expresión del amor de Dios encarnado en Jesucristo.

El crecimiento que produce el dolor

Aceptemos la oscuridad con compasión

Finalmente, la noche oscura nos invita a la compasión. Ella reconoce que todos nosotros luchamos con el *falso yo*, la parte nuestra que vive del engaño y la simulación, la falsa actitud que impulsa nuestras instituciones y empresas. Por lo general, los predicadores y eruditos entran en nuestras frustraciones y fracasos no con compasión sino con un mensaje de juicio e ira, levantando el martillo de jueces con una sentencia de impiedad e incompetencia. Y nosotros lo aceptamos. Somos una cultura adicta a la culpa. Me encanta la imagen de compasión que pinta Susan Howatch en su gran novela *Glittering Images* [Imágenes Rutilantes]. Charles Ashworth, uno de los personajes, es un hombre necesitado de compasión, un sacerdote y canónigo anglicano a quien el Arzobispo de Canterbury envía a hacer cierto trabajo investigativo sobre un controvertido obispo. Su jornada al interior del mundo seductor y poderoso de los políticos clericales revela una seducción interior más profunda, un conflicto interno que le impide ver su mundo con claridad y lo empuja a vivir con un falso yo: como una "imagen rutilante" dedicada a protegerlo no solamente del dolor de su mundo externo sino también del de su mundo interior. En un momento de crisis, Ashworth se encuentra con el compasivo Jon Darrow, un director espiritual que se atreve a hacerle preguntas acerca del yo que existe tras la imagen rutilante. Darrow ve a Ashworth tal como es, un hombre presionado por las demandas del mundo y por su propia demanda interior de ser exitoso.

En un contexto moderno como el de nuestros días, Darrow sería el personaje que juzgaría a Ashworth como un fracaso pastoral, tristemente incompetente para la alta vocación del ministerio. Pero Darrow es un hombre compasivo. Hablándole al yo oculto y cargado que existe en el interior de Ashworth, lo que Darrow dice podría escucharse así:

—*Debe estar exhausto. ¿Nunca se ha sentido tentado a soltar la carga hablándole a alguien de ella?*

—*No puedo* —responde Ashworth.

—*¿Quién es el que dice "no puedo"?* —inquiere Darrow.

—*"La imagen rutilante".*

—*Ah, sí* —dice Darrow—, *y por supuesto ese es el único Charles Ashworth que el mundo ha podido ver, pero usted está fuera del mundo ahora, ¿verdad?, y yo soy diferente de todos los demás porque sé que existen dos Charles Ashworth. Me estoy interesando en ese otro yo suyo, el que nadie conoce. Me gustaría ayudarlo a salir de detrás de esa imagen rutilante y soltarle esa terrible carga que ha estado atormentándolo por tanto tiempo.*

—*Él no puede salir* —revira Ashworth.

—*¿Por qué no?*

—*Él no sería de su agrado, ni usted lo aprobaría.*

—*Charles, cuando un viajero tambalea bajo una gran cantidad de equipaje, no necesita quién le dé palmaditas en la espalda y le diga cuán maravilloso es. Necesita a alguien que se ofrezca a ayudarle a llevar la carga.*[15]

Esta historia es un cuadro de un encuentro compasivo con la negra noche del alma. Consciente de la verdad y la gracia oculta en los lugares oscuros, Darrow es capaz de admitir la oscuridad en vez de ignorarla o atacarla. Ve la situación de Ashworth como una oportunidad, no como un obstáculo. Y acude a su encuentro en esa situación no como juez sino como un amigo compasivo y curioso, interesado en conocer y acoger cada parte de Ashworth y no solamente sus facetas atractivas.

La compasión no ignora la verdad. Penetra en ella y lucha con ella. Exige en la relación con otros una solidez y una fortaleza que se demuestra aun en los momentos de extraordinaria dificultad. Ella nos invita a vivir una vida conforme a la cruz, de acuerdo al patrón del siervo sufriente. La compasión del Cristo encarnado no fue algo así como una bandita antiséptica cósmica aplicada por un padre distante, sino un estupendo acto de solidaridad y amor. Y esta invitación es para nosotros también.

La compasión nos pide que descendamos a un mundo quebrantado y necesitado de esperanza. Ella nos conduce no solamente dentro de nuestro propio quebrantamiento sino al del mundo también. Nos lleva a reconocer las dolorosas realidades de nuestra comunidad: pobreza, trata de blancas o tráfico sexual, adicción, depresión, enfermedades y negación. Eso nos lleva a promover conversaciones valientes y sinceras entre nuestro personal, entre grupos de nuestra comunidad y con quienes trabajamos y sobre los cuales ejercemos liderazgo. Eso provoca el tipo de sinceridad que no solamente es saludable sino atractiva para un mundo que observa y que tiende a ver a los cristianos como cortos de vista ante sus conflictos.

Para los pastores y líderes, ignorar la noche oscura es comparable a ignorar la realidad. Si ignoramos la oscuridad en nosotros, en los demás y en nuestro mundo, no nos conocemos a nosotros mismos y posiblemente no podamos identificarnos con otros u ofrecerles nuestro cuidado a ellos y al mundo. Llegamos a ser impotentes e incapaces de guiar a los demás con una visión sustancial. Nos convertimos en farsantes que ejercen liderazgo mediante técnicas y no por el carácter. Tal vez fue por eso que el líder más grande de todos los tiempos, Jesús mismo, denunció tan a menudo la hipocresía y vaciedad de los líderes religiosos y políticos de su tiempo. No obstante, Jesús reunió a un grupo de hombres y mujeres no aptos para ser líderes, por lo menos según los cánones de su tiempo. A cada uno de ellos les dijo "Sígueme", plenamente consciente de que esta acción de seguirlo significaría para ellos llevar una cruz singular (Juan 21:19). Lo mismo ocurre con nosotros al seguirlo, al caminar en sus huellas, al seguir sus pasos en el estrecho camino que nos lleva a través de una noche oscura. Pero la promesa es que después de cada noche oscura emergemos conscientes de nuestras propias profundidades, inspirados para satisfacer las necesidades de un mundo quebrantado, y capacitados para ejercer el liderazgo con una mayor visión.

CAPÍTULO 7

Viva con integridad:
Descanso y flexibilidad en la vida del líder

Lo genial de la revelación bíblica es que no niega el lado oscuro de las cosas, pero perdona el fracaso e integra la caída para alcanzar la plenitud prometida.

RICHARD ROHR

Con demasiada facilidad nos conformamos con una idea de santidad a cambio de la integridad real, con el conformismo en vez de autenticidad, por ser espirituales en vez de ser profundamente humanos, por realización más que por transformación, y por una jornada hacia la perfección en vez de la unión con Dios.

DAVID BENNER

El antídoto contra el agotamiento no es el descanso sino el entusiasmo.

DAVID WHYTE

Y el mismo Dios de paz os santifique por completo, y todo vuestro ser, espíritu, alma y cuerpo, sea guardado irreprensible para la venida de nuestro Señor Jesucristo.

1 TESALONICENSES 5:23

Hasta aquí, la mayor parte de lo que he escrito podría resumirse en la frase "reflexiones sobre un corazón dividido". He llegado a creer que mucho de lo que nos enferma hoy es causado por la fragmentación del alma. Los sicólogos nos recuerdan que la psique, o alma, se divide para sobrevivir al dolor. Los neurocientíficos nos dicen que esa patología se presenta cuando diferentes partes de nuestro cerebro no pueden trabajar en acuerdo. Los psicólogos hablan de profundas divisiones entre diferentes tribus. Los teóricos de los sistemas familiares identifican polarización dentro de las familias disfuncionales. Los educadores y quienes se preocupan por la ética ven las faltas de integridad y de entusiasmo como un asunto fundamental. Y los teólogos hablan del corazón dividido. De diferentes disciplinas nos llega el mismo mensaje, lo cual no debe sorprendernos siendo que toda verdad es de Dios, no importa en donde la encontremos.

También es una verdad con la que me comprometo todos los días cuando me consultan sobre una variedad de problemas y conflictos humanos. La única idea que le da sentido a la situación es esa de la división de la mente y la necesidad de unidad, y ese es el concepto bíblico esencial. Como cristiano, parto de la premisa de que fuimos hechos a imagen de Dios, creados en bondad y para la bondad, y destinados a ser embajadores reales en el mundo en representación del Rey. Estoy convencido, como muchos otros teólogos, de que el pecado rompe en muchos pedazos esta imagen. Para los cristianos, lo que llamamos salvación es nada menos que integrar otra vez el alma humana, y más que eso, el mundo quebrantado y fragmentado en el cual vivimos. El evangelio son "buenas noticias": Dios está arreglando el mundo, reparando las profundas divisiones y curando los corazones quebrantados. Cuando Jesús dijo: "Dichosos los de corazón limpio [o puro], porque ellos verán a Dios" (Mateo

5:8 NVI), nos estaba permitiendo conocer este gran secreto de la vida íntegra. La palabra pureza en el idioma original podría traducirse también como "no dividido". Quienes pueden ver a Dios no tienen las divisiones interiores que afligen el alma. Esto es lo que el gran filósofo danés Soren Kierkegaard quiso decir cuando afirmó "Pureza de corazón es desear una sola cosa".[1] Cuando nuestros deseos se refractan en mil direcciones diferentes, sufrimos la enfermedad de la división, la cual se manifiesta en todo tipo de afecciones emocionales. Pero el corazón que es íntegro es un ser sanado de sus divisiones, lo que se manifiesta en una sola corriente espiritual correctamente dirigida hacia Dios y hacia los demás en una forma que lleva sanidad en vez de dolor. Charles Spurgeon, el gran predicador del siglo diecinueve, diagnosticó que el corazón dividido es el problema más serio del alma humana. Al respecto escribió:

> [La división del corazón] es un mal de una parte vital del ser humano: el corazón; un mal en un punto tan vital que afecta todo el ser. La extremidad más pequeña de la estructura sufre cuando el corazón es afectado, y especialmente cuando la afección es tan severa que el corazón se divide. No hay poder, ni pasión, ni motivo, ni principio que no llegue a estar viciado cuando el corazón está enfermo.[2]

La antigua historia de los primeros seres humanos procurando vestidos para cubrir sus cuerpos desnudos (Génesis 3:7) también nos cuenta esta gran verdad psicológica. Dividida o fracturada nuestra propia personalidad, hemos diseñado elaboradas vestiduras, falsas personalidades, y aunque estas parecen ayudarnos a sobrevivir y a sobrellevar las dificultades de la vida, en realidad causan fragmentación personal y social. La historia continúa con Caín y Abel, y Lamec, y todo un torrente de juicio, que revela cómo esta división produce fisuras durante toda la vida, como si fuera un vidrio de seguridad que se hace añicos. Y esa división continúa hasta nuestros días. De acuerdo con Parker Palmer: "…los principados y potestades tendrían menos influencia sobre nosotros si nos negáramos a colaborar con ellos. Pero la negativa es riesgosa, así que negamos nuestra propia verdad, asumimos vidas de "autoimitación" y traicionamos nuestra identidad."[3] Y cuando luchamos para volver a ser íntegros, un despliegue de fuerzas cósmicas se levanta contra nosotros.

Pero un poder cósmico superior ha acudido en nuestro rescate, Cristo, quien es *"el camino, la verdad, y la vida"* (Juan 14:6). En Cristo, Dios ha determinado *"reconciliar consigo todas las cosas, así las que están en la tierra como las que están en los cielos, haciendo la paz mediante la sangre de su cruz"* (Colosenses 1:20), para santificarnos "por completo" para que lleguemos a ser íntegros (1 Tesalonicenses 5:23). Es vital para nosotros (personalmente lo digo) y para nuestro liderazgo, que asimilemos esta visión del florecimiento y de la integridad humana para nuestras vidas y para el mundo que nos rodea.

Divididos y exhaustos

A sus treinta y tres años de edad, Débora no debería sentirse tan cansada. Ella es egresada de una prestigiosa universidad de los Estados Unidos, ha obtenido grandes logros y es una devota cristiana. Pero está contando los días que le faltan para jubilarse. Ella no está sola. Por donde voy, encuentro agotamiento en todos los lugares: caminado por las calles de nuestras ciudades, en un culto de adoración el domingo en la mañana, en la cafetería, en el consultorio del quiropráctico. Todo el mundo está ocupado y cansado, deseando que llegue el viernes, contando los días que faltan para sus próximas vacaciones y para otro gran número de actividades.

Un síntoma del corazón dividido que salta a la vista es el agotamiento. ¿Por qué? Es que arrastrar tras nosotros esa bolsa larga e invisible consume una gran cantidad de energía. La historia del Génesis nos cuenta que antes de la caída la humanidad disfrutó de *shalom*: armonía, acuerdo y florecimiento de las cosas en todas las formas. Pero ahora sufrimos caos, desorden y fragmentación. La mujer con trastorno de personalidad limítrofe que lo fastidia a usted con sus correos electrónicos sufre lo descrito anteriormente en grado sumo. Pero usted y yo también lo sufrimos. Nuestro agotamiento lo demuestra. En ocasiones estamos tan cansados que nos desconocemos. En primer lugar, olvidamos por qué escogimos este empleo. Perdemos contacto con el idealismo y la inocencia de nuestra juventud. Perdemos también el sentimiento original de amor que teníamos por nuestro trabajo, nuestras relaciones y nuestra vida religiosa. Olvidamos la habilidad infantil de acercarnos a Dios con cualquier cosa. Con la vista baja vamos por la vida, medrosos e indiferentes a la gloriosa *shalom* para la cual fuimos creados.

Descanse: No todo es tan bueno como parece

No nos engañemos, tanto en el mundo empresarial como en la iglesia somos juzgados por lo que producimos. Conozco pocos pastores en nuestros días que no sean evaluados sobre la base del crecimiento numérico y de la estabilidad financiera de sus congregaciones. Y conozco pocos líderes que no sean admirados por hacer crecer con éxito su empresa o institución. He visto a mi hermana, una de las mejores trabajadoras que conozco, escalar importantes posiciones en la estructura de una importante corporación debido en gran parte a que es dedicada, leal y esforzada. Por supuesto, el trabajo duro y productivo es bueno. Dios nos hizo trabajar y realizar cosas buenas. Pero cuando nuestra identidad está ligada con nuestra producción o rendimiento, algo no está bien. Cuando ocurre tal cosa, llegamos al agotamiento debido a nuestros esfuerzos. Vivimos para nuestros fines de semana y nuestras vacaciones. Convencidos de que necesitamos descanso, planeamos un viaje de una semana a la costa, o a las montañas, o a cualquier otro destino soñado. *Todo lo que necesito son unas vacaciones*, nos decimos, *volveré renovado*. Pero no ocurre así. De hecho, nuestros fines de semana y nuestras vacaciones conllevan un centenar de otras ansiedades. Tenemos que reservar los hoteles, alquilar los autos, y controlar el deseo de usar excesivamente las tarjetas de crédito. Tenemos niños gritando, o correos que se acumulan, o relaciones que presionan. Con razón, a veces pensamos *¡Gracias a Dios que volví a trabajar! ¡Necesito descansar de mis vacaciones!*

El descanso es el antídoto más usado contra el agotamiento en nuestros días, y difícilmente da resultado alguna vez. Sé lo que la Biblia dice acerca del descanso; pero estoy convencido que no entendemos lo que esto realmente significa. David Whyte, el agotado director de una organización no lucrativa se esforzaba bastante. Cualquiera que trabaje para una organización así conoce su ritmo incansable, las constantes exigencias, la permanente consecución de fondos y las necesidades interminables. Uno puede perderse en el frenesí del negocio, como le ocurrió una vez al señor Whyte. En un ordinario día de trabajo, entró a la salita de descanso y sin darse un momento de respiro, preguntó:

—*¿Alguien ha visto a David?*

Viva con integridad: Descanso y flexibilidad en la vida del líder

—*¡¿David?!* —le respondieron.

Sus empleados se rieron discretamente, casi abochornados por su jefe que miraba impotente. Entonces se dio cuenta de lo que había hecho. Desde luego estaba hablando de sí mismo pero ni siquiera lo sabía. En su agotamiento se había perdido y también había perdido de vista su misión.

Esa noche *se sentó con su amigo*, el monje benedictino, padre David Steindl-Rast. Su poesía era una de sus lecturas nocturnas favoritas acompañadas de unas copas de vino. Mientras Steindl-Rast hablaba a través de sus páginas, Whyte lo interrumpió de una manera como esta:

—*Hábleme del agotamiento* —le dijo.

—*¿Sabía que el antídoto para el agotamiento no es necesariamente el descanso?* —le preguntó Steindl-Rast.

—*¿Que el antídoto para el agotamiento no es necesariamente el descanso?* —repitió Whyte. *¿Entonces cuál, es?*

—*El antídoto contra el agotamiento es un corazón íntegro* —respondió su amigo.[4]

Redefinición del descanso

Tenemos la tendencia a definir el "descanso" basándonos en nuestras ideas modernas. Para muchos de nosotros descansar es simplemente no trabajar. Pero el problema es que nuestro descanso no es reparador, no nos descansa. Equivocamos el concepto.

Uno de mis eruditos favoritos, el judío Neusner, afirma que el mandato de Dios de descansar es, en esencia, una invitación a regresar al Edén con toda su belleza, integralidad y *shalom*.[5] A pesar de todo lo que se dice en cuanto a "guardar el sábado", sospecho que después de todo, la mayoría de nosotros no sabe lo que ello significa. Entendemos por descanso cesar una labor, dormir, relajamiento, disfrute, y todo eso es muy bueno. Pero olvidamos que somos literalmente incapaces de descansar si estamos divididos. Nuestras divisiones internas son las que nos impiden descansar.

Cuántas veces ha dicho ¡Es tan difícil dejar de lado el trabajo! Pero tal vez, sería más honesto decir *No puedo liberarme de mi yo ocupado y exhausto*. Conozco bien este sentimiento. Durante los primeros seis años de mi ministerio pastoral vivía esperando mis días libres y mis vacaciones. Las constantes exigencias de quienes supervisaban mi trabajo y de las personas a quienes servía me provocaron cierto tipo de sentimiento claustrofóbico. No sabía a dónde irme. Empecé a explorar disciplinas espirituales; pero al no tener mucha dirección tampoco tuve mucho éxito. De modo que vivía esperando mis dos gloriosas semanas de vacaciones cada verano en Iowa con la familia de mi esposa.

No obstante, todos los años me sentía irritado y exasperado al empezar cada vacación. Ansiaba la soledad. Un año descargué mi tensión en mi cuñada, cuyo exigente recién nacido frustró mis planes de disfrutar del completo silencio durante nuestra semana de vacaciones en la casa con lago donde estábamos. Mi lugar sagrado estaba a la orilla del lago, en una silla con un buen libro. Cualquier cosa que me interrumpiera acababa con mi frágil serenidad. Y cualquiera que se cruzara en la senda de mi irritación pagaba por ello.

En este momento en que escribo estoy a orillas del mismo lago, muchos años después. Pero ahora todo es muy diferente. Me siento íntegro y satisfecho con mi trabajo. Las vacaciones ya no son un escape de la labor y de la gente; más bien son un tiempo privilegiado para pasar con la familia. No estoy contando los días que faltan para volver; de hecho un chequeo ocasional del correo electrónico ya no me produce estrés sino una bienvenida conexión con varios colegas con los cuales disfruto trabajar. Entonces, ¿qué fue lo que cambió?

Cambié yo.

Verá. Durante algún tiempo busqué la solución en tener un mejor supervisor, una oficina más espaciosa, una mejor computadora portátil, un mejor salario y mejores vacaciones. Pero el problema era mi corazón dividido y, como lo dijo Spurgeon, un corazón dividido equivale a una dolencia que impacta todas las áreas de la vida. Una prolija descripción del trabajo puede ser de ayuda. Un mejor supervisor puede hacer que nuestra labor sea más agradable. Una oficina más espaciosa nos daría la calma de ser más organizados. Pero ninguna de estas cosas nos lleva a la esencia de la prosperidad y la integridad. Estos cambios pequeños no pueden reorientar nuestras almas.

La integridad también puede ser descrita como plenitud del alma, una vida centrada, apasionadamente comprometida, abierta, creativa, conectada con un sentido de misión e impulsada por Él. Es este tipo de vida íntegra lo que los líderes necesitan cultivar en ellos mismos y en quienes están bajo su liderazgo. Los mejores líderes no se enfocan solamente en sacar el mayor provecho de su gente sino que enfatizan una visión de entusiasmo y prosperidad. Estimulan el bienestar completo donde existe fragmentación. Inspiran pasión en donde hay ambivalencia. Al mirar dentro del alma dividida de su gente están en capacidad de hacer surgir en ellos reservas ocultas de energía. Al respecto, David Whyte anota:

> En el aspecto organizativo, si las corporaciones ignoran los puntos más oscuros y débiles de la vida de sus empleados, por un enfoque bien intencionado, y enfatizan solo lo positivo, se verán obligadas a depender de costosas pirámides administrativas para manipular a sus trabajadores al costo de su compromiso. La adaptabilidad y la creatividad

natural de parte de los trabajadores se obtiene solamente provocando su entusiasmo. Su pasión les debe salir del alma. Su alma ama los ocultos manantiales que hierven y brotan en el centro de la existencia, más de lo que aman a la empresa.⁶

El liderazgo motivacional no es suficiente porque muy a menudo, este nos pide que ignoremos las partes más oscuras de nosotros mismos. Por otro lado, los líderes que tienen el valor de promover el florecimiento humano invitan a sus organizaciones a una profusión de entusiasmo y creatividad, dones importantes que suelen ser suprimidos e ignorados.

Mi cuñado Jeff dirige un exitoso laboratorio dental con por lo menos una docena de empleados. Hace algún tiempo, corrió un riesgo empleando a una joven mujer que mostraba un potencial importante pero que había tenido algunas dificultades en su vida. No poseía un trasfondo experimentado como asistente dental. Pero la empleó por lo que vio en la historia de su vida: un saludable dinamismo, hambre de aprender y un sentido real de gratitud. Jeff no le tuvo miedo a una historia que incluía altibajos, sino que vio en esto un crisol del cual podían surgir madurez y excelencia. Esto es un buen liderazgo. Hoy, esta joven no es una empleada que está ansiosa solamente de que lleguen sus próximas vacaciones.

En mi caso, el dolor y la frustración trajeron mayor entusiasmo y un progreso significativo en una importante relación de trabajo. Las luchas, incluso el fracaso, me llevaron a mirar intencionalmente a mi propio corazón. Supe que tenía que enfocarme en mi propio quebrantamiento y fragmentación más que en los factores externos que me hacían infeliz. Como lo expresa Parker Palmer: "Integridad no significa perfección. Significa aceptar el quebrantamiento como parte integral de la

Viva con integridad: Descanso y flexibilidad en la vida del líder

vida. Saberlo me da la esperanza de que la integridad humana (la mía, la suya, la nuestra) no tiene que ser un sueño utópico si podemos usar la devastación el semillero para una nueva vida".[7] En mi caso, un amigo y mentor vio más allá de la agitación y el desorden y con amor abogó por un nuevo rol para mí en el que utilizaría más plenamente mis dones. Sin temor de mis imperfecciones y peculiaridades, corrió un riesgo. Yo no sería lo que hoy soy si no hubiera sido por su valiente liderazgo. Él no tuvo temor de la bolsa larga e invisible que yo arrastraba tras de mí, sino que vio en ella creatividad no utilizada así como oscuridad no perdonada. Al animarme a mí a lo largo del camino no se detuvo por motivación sino que buscó integridad. Palmer nos recuerda lo que sucede cuando no nos permitimos revelarnos:

> Temerosos de que nuestra luz interior se extinga o nuestra oscuridad se conozca, ocultamos nuestra verdadera identidad unos a otros, y en el proceso llegamos a estar separados de nuestras propias almas. Terminamos viviendo vidas divididas, tan distantes de la verdad interior a tal punto que no podemos saber la integridad que produce ser lo que realmente somos.[8]

Para los líderes es fácil ignorar el lado oscuro y obtener lo máximo del *falso yo* de las personas que están bajo su liderazgo. Nuestro falso yo ansía afirmación, y los líderes motivacionales y manipuladores pueden aprovecharse de las inseguridades de este para obtener resultados. Los líderes honestos se niegan a utilizar prácticas baratas. Ellos ven la salud y la integralidad de la gente como parte vital de una misión superior. Promueven un espíritu de independencia y creatividad en personas que viven con mayor profundidad, con un corazón más seguro: el del verdadero yo. Este yo no se obsesiona con las próximas vacaciones ni manipula la tarjeta de entrada y salida. No busca egoístamente un ascenso o promoción. El verdadero yo descansa más bien en una identidad superior como amado de Dios, aprobado en una forma que trasciende las promociones o la paga. El *yo verdadero* es el yo integral cuyo descanso y trabajo están imbuidos de integridad, creatividad, pasión y energía espiritual.

La sanidad y la integridad

Para llegar a ser íntegros necesitamos ser sanados, y esto podría tomar toda una vida. La integridad no se puede entregar en un sermón de tres puntos o asimilarse en una lectura de autoayuda. A la integridad hay que invitarla a crecer y madurar, comenzar a producir frutos abundantes en maneras que demuestran la presencia del Reino.

Pero, como dice Richard Rohr, en ocasiones es necesaria una cirugía mayor; un proceso en el cual el cuerpo, el corazón y la mente requieren reorientación y reintegración:

> Los conjuntos de creencias intelectuales por sí solos dividen, mientras que la fe real pone todos nuestros componentes (cuerpo, corazón y mente) alerta y nos ofrece una nueva estación de banda ancha con sonido pleno en vez de una llena de estática monótona. Siendo sinceros debemos admitir que se requiere una cirugía mayor y mucho de la vida de uno para hacer que la mente, el corazón y el cuerpo bajen sus defensas, desechen sus falsos programas para la felicidad y sus muchas formas de resistencia a lo que está justamente delante de ellos. Este es el cuerpo, el músculo y el nervio de todo el proceso de conversión. [9]

Este no es solamente un proyecto de mejoramiento personal. Aunque exige ciertas disciplinas, como la lectura bíblica, la asistencia a la iglesia o reuniones semanales, estas no pueden producir una transformación real. El patrón bíblico es claro: uno debe pasar por el desierto antes de descubrir la tierra prometida.[10]

En la economía de la gracia de Dios, en su forma de operar, la sanidad no se logra esquivando el dolor sino a través de él. Es a través del dolor que usted y yo llegamos a ser más humanos y más semejantes Cristo. Al seguir a Cristo a través del desierto nos abrimos a una transformación radical y holística; una transformación que promete que nuestros "falsos programas para la felicidad" serán destruidos.

Mi amigo Hal renunció valientemente a una lucrativa carrera para hacer lo que amaba. Confiando que la vida de entusiasmo era más importante que la incesante carrera de ratón que estaba viviendo, comenzó una nueva aventura, una pequeña empresa enfocada a construir relaciones entre los amantes del vino y a proveerles un mayor conocimiento y una experiencia mejor y más saludable para disfrutar el regalo del fruto de la vid. Eso no parece como una cirugía mayor, pero lo que él no pudo prever fue las penalidades que vendrían cuando terminara la luna de miel. Batallando contra una menguante economía y contra sísmicos cambios internos en la compañía, Hal ha estado pasando por un valle durante algún tiempo, un valle en el que no ha carecido de rayos de luz; sin embargo, ha sido un valle que lo ha llevado a una gran reflexión y a un difícil trabajo interior. Su yo, falso y rutilante, alimentado una vez por el éxito en el mundo empresarial, está sufriendo todavía otra muerte al paso que un hombre de fe profunda y notable madurez se fortalece en el rico suelo de las dificultades.

EL TRATO CON NOSOTROS MISMOS

El poder sanador de la confesión

Para un sacerdote la antigua práctica de la confesión era un encuentro sagrado, una oportunidad de divulgar los secretos más profundos de uno en el contexto de una relación perdonadora y sanadora. Los sacerdotes celtas desafiaron la jerarquía medieval de su tiempo haciendo posible diariamente la confesión de manera universal, cuestionando la idea de que sólo los obispos podían perdonar pecados, dando autoridad a todos los sacerdotes para oír la confesión de la gente. [11] Esta fue una idea radical que humanizó el sacramento e hizo que el perdón estuviera disponible en forma mucho más amplia. Fue necesario que Martín Lutero radicalizara la práctica y empoderara el "sacerdocio de todos los creyentes" para que oyeran mutuamente sus confesiones. En los primeros días la confesión fue vitalmente importante en la vida de un creyente, parte de la esencia de la adoración cristiana, y más importante aún, elemento central para el crecimiento y el cambio.

Al privatizar la confesión, la iglesia abdicó su rol de acoger públicamente al pecador con los brazos perdonadores de Cristo. La comunidad terapéutica entró a llenar ese vacío.[12] Psicólogos como Freud y Jung escrutaron el subconsciente y las partes más oscuras de la personalidad, y lo que ellos encontraron no contradice necesariamente las suposiciones cristianas. Lo que descubrieron fue que el lado oscuro del ser humano necesita una salida, una voz, un camino hacia la luz. Que la oscuridad necesita la luz.

Bill Wilson, quien fundó la organización de Alcohólicos Anónimos trajo de vuelta esta espiritualidad a las masas en su programa de los Doce Pasos. Hombres y mujeres que sufren de adicción se reúnen en grupos pequeños en los sótanos de las iglesias. Sentados en sillas plegables reconocen su impotencia

Viva con integridad: Descanso y flexibilidad en la vida del líder

ante Dios y ante sus iguales. Cada adicto que ha dado los primeros pasos entra ahora en las difíciles aguas del cuarto paso: hacer una búsqueda y un valiente inventario moral de sí mismo. Por supuesto, Wilson excavó en las enseñanzas de Agustín y Calvino y añadió sus propias amonestaciones para la reflexión personal. Curiosamente esta sanidad no era solamente para el adicto de manera individual. La sanidad del adicto era un regalo para su comunidad, y ésta a su vez apoyaba a otros.

Santiago, el hermano de Jesús, escribió al respecto: "Confiésense unos a otros sus pecados, y oren unos por otros, para que sean sanados." (Santiago 5:16 NVI) La sanidad requiere confesión. Y al abrir a la luz nuestro "lado oscuro", abandonamos las técnicas de autoayuda, las cuales nos alejan de la sanidad y la transformación. Parker Palmer afirma:

> La vida dividida es una vida herida, y el alma continúa clamando porque sanemos su herida. Ignore ese clamor y se encontrará tratando de acallar su dolor con un anestésico de su elección, ya sea mediante el abuso de ciertas sustancias, el exceso de trabajo, el consumismo, o el ruido sin sentido de los medios de comunicación. Esos anestésicos son de fácil acceso en una sociedad que quiere mantenernos divididos e inconscientes de nuestro dolor.[13]

Para crear un ambiente de saludable entusiasmo los líderes necesitan estar libres de temor a la oscuridad interior. Cuando "confesamos" abiertamente nuestros fracasos y temores podemos crear una atmósfera en la cual la sinceridad y la aceptación ayuden a las personas a ser más saludables al negarse a pasar por alto el desierto interior. Y al fomentar una atmósfera de apertura de nuestros lados oscuros arrojamos la luz de la gracia y la verdad dentro de la oscuridad, desvaneciendo algo de su dominio. Ignorar esa oscuridad interior divide el alma, hiriéndola después aún más profundamente. Reconocerla e invitarla a entrar crea un espacio para la sanidad y la transformación, que a su vez puede ser el combustible para la transformación colectiva.

Su misión como líder (¿Debería usted aceptarla?)

El peligro del liderazgo es que usted lidera una masa de contradicciones. He escuchado incontables historias de líderes que han hecho bien su tarea cuando han contratado a un nuevo empleado. Hicieron bien los chequeos pertinentes, las pruebas de personalidad y la verificación de referencias. Pero pasados seis meses el empleado parece una persona totalmente diferente, pues se ha tornado gruñón y quejumbroso, causa perturbación y acaba con la moral. Los pastores relatan la historia del extraordinario feligrés que llega prometiendo dar sacrificialmente y servir con entereza; pero con el tiempo se convierte en una espina en el costado del pastor. Un líder que renunció recientemente, me dijo: "Yo esperaba algunos golpes, pero no una paliza."

David Benner explica a qué se oponen los líderes:

> A pesar de la retórica, rara vez la transformación es verdaderamente deseada por la mayoría de cristianos o bienvenida en la mayoría de iglesias. La mayoría de nosotros prefiere mantener el proceso de riesgo bajo su control y limitado a pequeños ajustes relacionados con nuestros proyectos de automejoramiento. Si estamos genuinamente abiertos al desdoblamiento del yo, lo cual hace parte de la transformación, generalmente encontraremos resistencia en la mayoría de lugares en donde normalmente

Viva con integridad: Descanso y flexibilidad en la vida del líder

esperaríamos apoyo. Las familias, la comunidad y la cultura suelen conspirar para mantenernos seguros en un lugar de conformismo. Como lo hace notar Richard Rohr, la mayoría de las religiones —incluyendo al cristianismo— es más tribal que transformacional.[14]

Ser líderes es algo difícil. De todos los lados nos jalan personas que quieren instalar en el grupo su propia perspectiva, que se adopte su agenda o que sus creencias sean validadas. Somos tentados a complacer a la gente en vez de mantener el enfoque en la visión; a ceder en vez de mantener el difícil llamamiento. Sobre todo, somos tentados una y otra vez a distraernos por visiones más pequeñas en vez de permitir que una visión grande y transformadora de Dios invada nuestras vidas.

Como líder, muchas veces he cometido el error de pensar que mi propio éxito se basaba en satisfacer las necesidades de la gente. He elaborado sermones basándome en lo que yo pensaba que a la gente le gustaría oír. He tomado decisiones para apaciguar. He cedido ante la crítica. Pero muy a menudo he creado un caos mientras procuraba atraer a la gente.

Recientemente descubrí en los Evangelios que la "multitud" era algo negativo. La multitud era generalmente quejumbrosa y perturbaba al profético Jesús. Para Él, el camino al éxito era decir la verdad, aun si esta pudiera herir. Calificó la doblez de la élite religiosa con palabras tales como "hipócritas" y "sepulcros blanqueados", hermosos por fuera, pero por dentro "llenos de huesos de muertos y de toda inmundicia" (Mateo 23:27). Por mi parte nunca he sido tan osado al confrontar personas que dividen.

Pero estoy aprendiendo que la gente desea ardientemente sinceridad en sus líderes. Quieren que les digamos la verdad aunque duela. Desde luego que eso no precisamente debe incluir aquello vergonzoso o despreciable. Sino que necesitamos hablarle a la gente considerando nuestra propia integridad, con sinceridad con respecto a nuestra ceguera y nuestras faltas. Desde un plano de humildad podemos hablarles a otros con visión y con coraje, instándolos a vivir de acuerdo con su más auténtica identidad, como "nuevas criaturas" en Cristo.

Pienso en líderes como Martin Luther King Jr. y su homónimo Martín Lutero. A mí me inspiran San Juan de la Cruz y Teresa de Ávila, Tomás Merton y Dorothy Day, cada uno de ellos proclamó que el Dios que habitaba en sus corazones y limpió su casa fue también el Dios que reconcilió a grupos polarizados, desafió el tribalismo religioso y confrontó divisiones internas. Yo quiero ser este tipo de líder.

Cada vez estoy más convencido de que, ya sea que usted dirija una iglesia o un lavado de autos, una compañía de seguros o un refugio para animales, el liderazgo verdadero demandará siempre integridad, solo este promueve la integridad en los demás. Cualquier cosa inferior es una imitación barata, un juego motivacional, o un proyecto de mejoramiento personal que no hace otra cosa que decorar el exterior sin efectuar un reordenamiento interior.

El psicólogo cristiano David Benner, describe el reto de esta transformación más radical:

> Con demasiada facilidad nos conformamos con el mero concepto de santidad en lugar de una integridad real, por la conformidad en vez de la autenticidad, por ser espirituales en vez de ser también profundamente humanos, por la realización más que por la transformación, y por una jornada hacia la perfección en vez de la unión con Dios. Muy fácil y frecuentemente confundimos nuestro automejoramiento espiritual y sus retoques superficiales con el

Viva con integridad: Descanso y flexibilidad en la vida del líder

programa mucho más radical del Espíritu de Dios. La voz del Espíritu Santo —que generalmente es suave y gentil, y por lo tanto se pasa por alto fácilmente— nos invita a desechar nuestros proyectos de mejoramiento personal, que son en realidad poco más que sacarle brillo a nuestro ego, y a ser el único yo escondido en Cristo que hemos sido desde la eternidad. La llamada del Espíritu es siempre para que regresemos a casa y no conformarnos con otra habitación o identidad que existir en Cristo y conocer la realidad de Cristo en nosotros.[15]

CAPÍTULO 8

Crecer hasta lograr un liderazgo maduro: El cuidado personal y el arte de retirarse a solas con uno mismo

La mayoría de los líderes centran su atención en cómo tener éxito en una tarea. Un enfoque muy superior es enfocarse en lo que usted es.

WES GRANBERG-MICHAELSON

Dios es amor. Cuando vivimos permanentemente una vida de amor, vivimos en Dios, y él vive en nosotros. De esta manera el amor gobierna la casa y llegamos a la madurez.

1 JUAN 4:17 (EL MENSAJE)

Crea la increíble verdad de que el Amado ha escogido como lugar de su morada lo íntimo de su propio ser, porque ese es el más hermoso lugar individual en toda la creación.

SANTA TERESA DE ÁVILA

Crecer hasta lograr un liderazgo maduro

Muchos están familiarizados con la bien conocida historia de G. K. Chesterton, el gran escritor y periodista británico a quien una vez un reportero le pidió su opinión sobre los asuntos de su tiempo. Eran días difíciles, de finales de un siglo y comienzo de otro, y Chesterton tuvo la oportunidad de agregar sus ideas a las de otro grupo extraordinario de escritores y pensadores. Siendo un brillante artífice de la palabra y de osada personalidad, poseía la habilidad para confeccionar una brillante pieza editorial. No obstante, ante la pregunta específica "¿Qué es lo malo del mundo?", Chesterton replicó: "Lo malo del mundo, soy yo". Hoy día los líderes empresariales están coincidiendo en sus apreciaciones y retando a quienes ven el conocimiento de sí mismos como mera palabrería o flagelación cristiana. Por ejemplo, el experto en liderazgo Robert Quinn señala que el precio de evadir el profundo cambio personal equivale a "optar por una muerte lenta, una experiencia frustrante y sin sentido contagiada de temor, enojo e impotencia, avanzando sin duda hacia lo que más se teme."[1] Incluso, el experto en técnicas de liderazgo Marshall Goldsmith reconoce el costo final de una falta de conocimiento personal: "Después de vivir con sus disfunciones por tantos años, la gente se dedica a justificarlas más que a cambiarlas."[2]

Wesley Granberg-Michaelson, un héroe y mi mentor, ha sido durante décadas un líder en el mundo de la política, de las organizaciones sin ánimo de lucro y de la iglesia. Fue Director de Iglesia y Sociedad del Concilio Mundial de Iglesias, y Secretario General de la Iglesia Reformada en los Estados Unidos. Al respecto, el señor Granberg-Michaelson dice lo siguiente:

> La mayoría de los líderes concentran su atención en realizar con éxito una tarea. Pero una manera mejor es

enfocarse en quién es uno mismo. Se ha dicho que una vida que no ha sido examinada no es digna de vivirse. Ciertamente la vida no examinada no está equipada para liderar, y el costo que asumen los líderes que actúan ciegamente o que niegan su propia debilidad es devastador. La gente sufre innecesariamente. La confianza es traicionada. Organizaciones enteras se pueden paralizar.[3]

Si él tiene razón, entonces cuando nos enfocamos con integridad en lo que somos, muchas de las demás cosas funcionan por sí mismas. No quisiera subestimar la importancia de las habilidades y la capacidad. Pero algunos de los pastores más hábiles que he conocido han sido también unos de los más peligrosos: farisaicos, petulantes e irritables. Si me lo preguntan, yo recomendaría a un pastor con menos habilidad pero con gran carácter e integridad, en vez de uno que es hábil pero que carece de estas cualidades vitales. Como líderes tenemos un trabajo por hacer, al cual Richard Rohr llama "retirarse consigo mismo."[4] Con la necesaria humildad que conduce a la sabiduría, podremos madurar, y lo haremos. Esta madurez de carácter nos permitirá admitir deficiencias adicionales, áreas en las cuales necesitamos mayor destreza y habilidad. Este es el trabajo riesgoso y valiente de abrir esa bolsa larga e invisible que arrastramos tras nosotros y ocuparnos de ella. Eso exige que enfrentemos las falsas personalidades que hemos desarrollado y que nos han convertido en individuos duros, defensivos, carismáticos pero maliciosos e incluso siniestros.

Con el tiempo, Dios nos invita a enfrentar nuestro yo, a un "retiro personal" en un ring o cuadrilátero en que podamos librar una batalla interior como la llamó el apóstol Pablo (Romanos 7), luchando contra nuestra carne (*el falso yo*) y siendo fortalecidos en espíritu (*el yo verdadero*). Rohr cree que habiendo sido heridos en el contexto de las relaciones, solamente podríamos ser sanados ubicándonos en el "lugar de retiro personal" con Dios.

En este capítulo exploraremos varias disciplinas para realizar ese retiro consigo mismo, que es algo que el líder debe efectuar por el bien de sí mismo, de su crecimiento y madurez. Pero no entienda lo de "disciplinas" solamente como una referencia a comportamientos. Con demasiada frecuencia el cuidado de uno mismo se reduce a una serie de pasos de autoayuda que trivializan o toman livianamente la profundidad y complejidad del crecimiento y la madurez del ser humano. Tanto el dolor que sufrimos como la sanidad que encontramos ocurren en el contexto de las relaciones. La solución real, si es que existe alguna, se encuentra en Dios, a menudo con la ayuda de otras personas en quienes uno confía. La modificación de un comportamiento puede cambiar un patrón específico en su vida, pero la relación lo cambia literalmente a usted, a todo su ser, incluyendo la integración de su cerebro.

Este discernimiento no es meramente bíblico o teológico sino también un concepto aceptado por psicólogos y científicos. Curt Thompson, un neurosicólogo cristiano observa que "Solamente cuando somos conocidos estamos en posición de llegar a ser vehículos del amor. Y es el amor el que transforma nuestra mente, hace posible el perdón, y entreteje una comunidad de personas dispares y diferentes en el tapiz de la familia de Dios."[5] Pero nos quejamos y protestamos, diciendo ¡Debe haber otra manera! *¡Yo preferiría ser reparado y no hallado; ser conocido parece demasiado difícil!* Teniendo fija en su mente la evidencia de la neurología, el señor Thompson agrega:

> No existe otra manera. Ser conocido implica ser buscado, examinado y sacudido. Ser conocido es ser amado y

tener esperanza, y ser objeto de exigencias. Es acoger el riesgo no solamente de que el mobiliario de su hogar sea reorganizado, sino que sus planes básicos sean escritos de nuevo y que sus paredes sean demolidas y reconstruidas. Ser conocido significa que usted permite que su culpa y su vergüenza sean expuestas a fin de que sean sanadas.[6]

La receta aquí no es una serie de modificaciones de comportamientos para ese ilusorio "yo suyo, más sano y más feliz". Ese es el mito estadounidense. Sugiero, en cambio, disciplinas que recuerdan la palabra "discípulo", esto es un seguidor de Cristo. Las disciplinas nos ponen en relación. Una relación con Cristo y dentro de una comunidad de sanadores heridos. La disciplina de un discípulo es seguir y andar a la sombra de Cristo, aprender sus sendas, luchar juntos cuando surgen las dificultades, llorar y reír juntos. Así es como se desenvuelve la amistad con Dios, como una relación profunda entre dos personas comprometidas mutuamente en un pacto de amor.

Esta relación no se puede reducir a una mera práctica o ritual, sino que, de hecho, involucra tanto una cosa como la otra, tanto el dar como el tomar que exige cualquier relación. Estoy convencido de que a medida que conocemos a Dios y somos conocidos por Él, que lo amamos y somos objeto de su amor —lo que según Jesús es el resumen o la esencia de los mandamientos—, experimentamos un florecimiento más profundo y sostenido en nuestra vida y liderazgo.

Disciplina 1: El espejo de la amistad real

La madurez de un líder está directamente relacionada con la salud de sus relaciones. Sin embargo, resulta paradójico que los líderes suelen aislarse por temor. Algunos de los líderes más poderosos de nuestros días son relacionalmente impotentes, alimentados por los humos de un *falso yo* e inseguro, más que por el combustible de la relación sincera. Incluso algunos de los líderes más carismáticos y aparentemente más "relacionales" saben cómo *comunicarse* con la gente pero no saben cómo *relacionarse* con ella.

El cuidado de sí mismo de un líder podría empezar con la interrogante básica hecha a dos o tres de sus colegas ¿Cómo me ven, cómo me perciben ustedes?

Hace algunos años hice estas mismas preguntas a un grupo de buenos amigos. Las respuestas que recibí me aterraron. Incluían calificativos tales como "arrogante", "intimidante", "inseguro", "superficial" y "colérico."

Me quedé sin respuesta. Asombrado y conmovido bajé mi cabeza. En otro tiempo me hubiera puesto a la defensiva; pero en esta ocasión estaba un poco más receptivo, cansado del papel que estaba representando.

¿Cómo le responderían a usted? Un líder me dijo recientemente que sus colegas le habían respondido solamente cosas afirmativas. Le dije que rara vez he visto que en este ejercicio no haya algo de crítica. Así que le pedí que volviera donde sus colegas y les recordara que podían decir la verdad sin que hubiera repercusiones. Cuando regresó, venía también con su cabeza baja.

Habían mencionado cosas como que "no era digno de confianza", que era "excéntrico" y "raro". Le pregunté si esas personas estaban equivocadas. Humildemente respondió que "no". Sin embargo, ese día fue el comienzo de un cambio importante para él y de una profunda madurez como líder. Parker Palmer enfatiza la importancia de la comunidad en este esfuerzo de crecimiento:

Una comunidad fuerte ayuda a la gente a desarrollar un sentido de genuina personalidad, porque solamente en comunidad puede el yo ejercitar y realizar su naturaleza: dar y tomar, escuchar y hablar, ser y hacer... La carencia de oportunidades para ser nosotros mismos en una red de relaciones hace desaparecer nuestro sentido de ser, lo que conduce a otros comportamientos que posteriormente fragmentan nuestras relaciones y esparcen la epidemia del vacío interior.[7]

¿Tiene usted relaciones que cultivan la sinceridad y la transparencia? ¿Hay en su vida por lo menos unas cuantas personas que pueden cuestionarlo? Yo siento mucho cuando alguien me responde *No; nunca he sido realmente cuestionado*, o *Nunca he sido realmente conocido*. A menudo se necesita un verdadero amigo, una prueba real de haber sido conocido a fin de despertar en nosotros un hambre intensa de ser plenamente conocido por Dios.

Fue el Rey David a quien su vacío y soledad relacional lo llevaron a solicitar e incluso a exigir a la esposa de otro hombre un acto no solamente de adulterio, sino también de manipulación y abuso. Y como si esto fuera poco, ordenó que su esposo fuera asesinado para él poder tomar a la mujer como *su* esposa. (Dudo que muchos pastores o líderes de nuestros días pudieran sobrevivir a un escándalo de tal magnitud.) Fue necesario lo que yo considero un verdadero amigo —el profeta Natán— para hacer consciente a David de su alejamiento de Dios y de su *verdadero yo* (2 Samuel 12). Cuando despertó de esa alienación, reconoció su pecado. Ahora bien, pienso que su reconocimiento no fue solamente de comportamiento (un *Hice algo malo*), sino también relacional (por un *He violado la confianza*). El pecado es, de hecho, alejamiento de Dios y en consecuencia alejamiento de la esencia de nuestra propia imagen. Eso fue lo que lo hizo elevar su oración registrada en el Salmo 139:

> *Oh, Señor, tú me has examinado y conocido.*
> *Tú has conocido mi sentarme y mi levantarme;*
> *Has entendido desde lejos mis pensamientos.*
> *Has escudriñado mi andar y mi reposo,*
> *Y todos mis caminos te son conocidos.*
> *Pues aún no está la palabra en mi lengua,*
> *Y he aquí, oh Señor, tú la sabes toda.*
> *Detrás y delante me rodeaste,*
> *Y sobre mí pusiste tu mano.*
> *Tal conocimiento es demasiado maravilloso*
> *Para mí; alto es, no lo puedo comprender.*
> *¿A dónde me iré de tu Espíritu?*
> *¿Y a dónde huiré de tu presencia?*
> *Si subiere a los cielos, allí estás tú;*
> *Y si en el Seol hiciere mi estrado, he aquí, allí tú estás.*
> *Si tomare las alas del alba*
> *Y habitare en el extremo del mar,*
> *Aún allí me guiará tu mano,*
> *Y me asirá tu diestra.*
> *Si dijere: Ciertamente las tinieblas me encubrirán;*
> *Aun la noche resplandecerá alrededor de mí.*
> *Aun las tinieblas no encubren de ti,*
> *Y la noche resplandece como el día;*
> *Lo mismo te son las tinieblas que la luz.*

El espejo de la verdadera amistad, incluida la amistad con Dios, no teme a las tinieblas, tal como lo dice David en este último versículo. Invitar a otros dentro de nuestra oscuridad nos hace conocidos, y al ser conocidos somos sanados.

Disciplina 2: El don de la soledad

El experto en liderazgo, Robert Quinn, afirma:

> Cuando vemos la necesidad de un cambio profundo generalmente lo vemos como algo que debe ocurrir en cualquier otra persona. En nuestras posiciones de autoridad, tales como padre o madre, maestro o jefe, somos particularmente rápidos para dirigir a otros hacia el cambio. Tales directrices suelen fallar y nosotros reaccionamos ante la resistencia aumentando nuestros esfuerzos. La lucha de poderes que sigue, rara vez termina en cambio o produce excelencia. Una de las cosas más importantes que es necesario discernir es en dónde realmente comienza el cambio.[8]

Hay un lugar o un estado en donde no podemos proyectar todas nuestras experiencias en otra persona. Ese es el lugar o estado de soledad. La soledad, en vez de ser un estado solitario, es relacionalmente rica y es en donde podemos descubrir lo que realmente somos.

Muchos de nosotros libramos nuestras batallas solos. Como adictos al ruido y a la agitación de la vida, preferiríamos sentarnos con otra persona y charlar acerca de deportes, de modas, de las fluctuaciones del mercado o de la molesta idiosincrasia de nuestros colegas. Solos nos asalta la tentación de encender la televisión, de abrir el computador portátil o de chequear nuestros textos; cualquier otra actividad que desvíe la mirada escrutadora de nosotros mismos. He oído a muchos criticar a la cultura americana, incluso a los cristianos estadounidenses como centrados en sí mismos. Discúlpenme, pero disiento de tal opinión. Lo que yo veo son individuos temerosos de sí mismos. O por lo menos el "ego" que están alimentando es un *falso yo*, un niño hambriento adicto a la atención, a la afirmación o a la autoadoración. Para ser más exactos, creo que suelen ser más bien despreciativos de sí mismos. Están no solamente asustados sino avergonzados de sí mismos. Y la verdadera soledad los lleva —nos lleva— a un cierto encuentro con el yo que ellos —y nosotros— están temerosos de conocer.

Henri Nouwen describe así la dificultad de la soledad:

> Tan pronto como estamos a solas, el caos se apodera de nosotros. Y puede ser tan perturbador y causarnos tal confusión que difícilmente podemos esperar a estar ocupados otra vez. Por lo tanto, entrar a un recinto cerrado y cerrar la puerta no significa que cerramos de inmediato todas nuestras dudas y ansiedades interiores, nuestros temores, malos recuerdos, conflictos no resueltos, sentimientos de enojo y deseos impulsivos. Por el contrario, cuando desechamos todas las demás distracciones, a menudo descubrimos que nuestras distracciones interiores se manifiestan en nosotros con toda su fuerza. Con frecuencia usamos las distracciones externas para blindarnos contra los ruidos internos. Esto hace que la disciplina de la soledad sea de la mayor importancia. [9]

Usted no tiene que ser un místico para experimentar los beneficios de la soledad. Lo único que necesita es disponerse para ella, aprender a cultivar un silencioso espacio interior. Sí, es cierto, exige práctica. En un retiro de silencio a menudo me siento en una capilla o a orillas de un lago antes de que los ruidos interiores comiencen a ceder. La primera cosa que noto es mi respiración. Con frecuencia me siento sorprendido y confortado por el simple hecho de respirar siendo que a menudo no puedo darme un respiro por la mucha actividad. Sentado en silencio y atento imagino que dentro de mí se abre un espacio receptivo al aliento de Dios. A medida que mi alma se abre gradualmente, comienzo a sentirme liberado de un peso. Tal vez por eso es que Jesús nos dice a cada uno de nosotros que "su yugo es fácil y ligera *su carga*". En ese lugar usted descubre la esencia de ese yo profundo del cual he venido hablando. Descubrirá que él, o ella, es un extraño o extraña. Tras periodos de soledad muchas veces he terminado pensando *Bienvenido de vuelta, Chuck*. Impulsado en tantas direcciones para vivir de acuerdo a mis muchas y bien desarrolladas aunque falsas personalidades, estoy deseoso de conocer lo que los teólogos llaman el *yo real*, donde mora el Espíritu de Dios.

Una de mis místicas favoritas, Santa Teresa de Ávila, habla de una manera hermosa de este lugar. En su obra clásica, *The Interior Castle* [El Castillo Interior], ella describe nuestra profunda alma interior como:

> … un lugar secreto. Un santuario radiante, tan real como la cocina de su casa. Más real que eso. Construido con los más puros elementos. Rebosante con mil cosas hermosas. Mundos dentro de otros mundos. Bosques y ríos. Cobertores aterciopelados sobre lechos de pluma, fuentes burbujeando bajo la bóveda celeste cubierta de estrellas. Exuberantes florestas, bibliotecas universales. Una bodega de vino ofreciendo una intoxicación tan dulce que usted nunca volverá a estar sobrio. Una claridad tan completa que usted jamás olvidará. Este magnificente refugio está en su interior. Al entrar disipará las tinieblas que nublan el sendero. Crea la increíble verdad de que el Amado ha escogido como lugar de su morada el centro del ser suyo porque ese es el lugar más hermoso de toda la creación.[10]

Si creyéramos que esto es cierto, eso acabaría con nuestras falsas personalidades. Si como cristianos que somos creyéramos que Dios ha escogido morar en nosotros por su Espíritu y que nos llama su "templo", nos atreveríamos a creer que lo que somos, en nuestro más profundo interior, es digno de compartirse con el mundo. Somos los influenciadores. Nuestro impacto lo sienten muchos que escogieron confiar en nosotros como pastor, gerente, jefe, líder de equipo, obispo o jefe de ejecutivos. Mientras más profundos y regulares sean nuestros encuentros con Dios en oración y soledad, encontraremos que el mismo amor que invadió nuestros corazones está disponible para otros.

La soledad comienza con un simple reconocimiento: que no somos las personas que proyectamos o incluso que lastimamos a otros, sino almas que han recibido el aliento de vida de Dios. Invitando a ese aliento para que una vez más nos dé vida, nos encontramos cómodos en el Dios que ama lo que realmente somos, no a una caricatura de nosotros.

Disciplina 3: El ritmo de la adoración

Durante cinco años fui pastor del área de enseñanza en una iglesia de San Francisco, California, atiborrado con veinte o treinta cosas para hacer. En una ciudad como esa, el fin de semana ofrece una gran oportunidad para disfrutar de la nieve y esquiar en Tahoe, de festivales a campo abierto, emocionante vida nocturna y mucho más. Siempre me emocionó el hecho de que tantas personas hicieran de la adoración dominical una prioridad en la ciudad más secular de los Estados Unidos. Sin embargo, había otros que le daban mucho menos importancia a la adoración regular dadas sus agotadoras responsabilidades de trabajo y todas las posibilidades de diversión que la ciudad ofrece. Pero también noté otro fenómeno. Aunque el número de personas de cabello encanecido era pequeño dentro del gran total, estas parecían darle prioridad a la asistencia a la iglesia.

EL TRATO CON NOSOTROS MISMOS

De modo que empecé a preguntarles por qué. Y sus respuestas fueron alentadoras. No fueron las respuestas tradicionales de algunos cristianos como *"tengo que ir a la iglesia"*, motivadas tal vez por un sentido de culpa. Estas personas eran lo suficientemente maduras para conocer su profunda necesidad de descanso y relajamiento en los brazos acogedores de Dios. Estaban hambrientas de la actividad semanal de confesión, de escuchar la Palabra de Dios y de llevar su hambre y su sed intensas a la mesa de la comunión y de la adoración. Muchos de ellos una vez conocieron una vida en la cual eran atraídos hacia diferentes direcciones, compitiendo constantemente, buscando continuamente la siguiente aventura, constreñidos a estar siempre en movimiento. Ahora miraban a los jóvenes, hombres y mujeres y sonreían, bastante conscientes de que ellos también participaron una vez de ese juego. Pero ahora no podían perderse la adoración.

¿Por qué? Un hombre me dijo: "La adoración me invita a entrar a la Gran Historia, lo cual hace cualquier otra historia en la que encuentro mi identidad solo una barata imitación." Otro hombre que recién había pasado la línea de los cuarenta, me dijo: "Soy mucho más consciente de mi necesidad sentándome en la presencia de Dios al menos durante una hora cada semana. En ocasiones ni siquiera escucho el sermón. Pero por lo menos estoy allí." En la adoración somos invitados a entrar a una realidad alternativa.[11] Porque nuestras vidas son narradas por las historias culturales y personales que vivimos. Podemos quedarnos atascados, atrapados en la carrera del ratón por una cultura colectiva o por la emoción de la siguiente experiencia. La adoración nos invita a entrar a una historia alternativa donde nuestras vidas encuentran su centro con relación a Dios, en donde somos "hijos", "hijas" y "los amados", y no únicamente ejecutivos, administradores y líderes.

Ahora, una palabra para los pastores. Reconozco en este punto, que ustedes enfrentan un grado de complejidad completamente diferente cuando dirigen la adoración. Su *falso yo* puede estar en plena exhibición durante la adoración. Usted quizá se siente desesperadamente solo los domingos, por este motivo muchos buenos libros y artículos le aconsejan tomarse sus propios sábados o días de descanso para hacerlo de maneras diferentes, incluso adorar en forma privada. Aunque esto es cierto, no debe convertirse en una vía de escape sino en una oportunidad para que guíe la adoración con un espíritu más sano. A medida que crece y madura se dará cuenta que también puede ser un verdadero participante en la adoración. Se hará consciente de que necesita estar allí no solo físicamente sino en forma integral como lo hacen los demás. Entenderá que necesita hacer confesión, oír el evangelio y tener comunión con Cristo y con su Iglesia.

Si su falsa personalidad es la que se muestra cada domingo, usted necesita ayuda. No piense que de alguna manera y como por arte de magia descubrirá la salud sin algún genuino trabajo interior. Tenga el valor que muchos otros pastores han tenido y tome en serio su situación. San Agustín tomó seriamente su adicción sexual. Samuel Rutherford prestó toda la atención a su pena. Charles Spurgeon tomó en serio su depresión. Y cada uno de ellos es considerado un héroe en la historia de la iglesia. Sea usted la clase de héroe que encuentra fortaleza en la debilidad y confíe en que Dios acudirá en su ayuda.

Disciplina 4: La libertad de romper las reglas

En nuestra cultura gobernada por el reloj no se nos permite mucha libertad o flexibilidad en nuestros lugares de trabajo.

Como líderes, muchos de nosotros cambiamos el semblante tan pronto entramos a la oficina y suele ser difícil relajarnos después. Muchos hemos llegado a una posición de liderazgo por nuestra disciplina personal y una ética de incansable trabajo. Para nosotros la productividad demanda una constante aceleración y cualquier tregua o disminución en el ritmo puede afectar el resultado final, ya sea en el aspecto financiero o en el número de asistentes cada domingo a la iglesia. En vez de inquietar radicalmente a los líderes con quienes trabajo sugiriéndoles un período sabático o un cambio importante en su estilo de vida, mejor les doy una sencilla receta: viole las reglas alguna vez. Con ello quiero decir lo siguiente: cuando los líderes eligen hacer algo fuera de lo ordinario he podido ver los beneficios. Ya sea un descanso o una aventura para "distraer" al *falso yo* y cultivar una nueva forma de ser.

Una violación de las reglas que he practicado ocasionalmente es el poder de una siesta corta. Como neoyorkino recuerdo a nuestro antiguo alcalde, Ed Koch, quien tomaba una siestecita todos los días en su trabajo. Esto me parecía un poco absurdo hasta que supe que Albert Einstein, Winston Churchill, Harry Truman y otros grandes pensadores y líderes solían practicar este mismo hábito. De modo que he animado a otros a hacer lo mismo. Nunca olvidaré la expresión de un colega cuando le sugerí que fuera a una de nuestras salas de terapia, apagara la luz y *se echara un sueñito*. Como padre de un recién nacido había estado llegando a la oficina con los ojos enrojecidos, y a veces yo lo veía mirando a las nubes. Cuando me descubría observándolo, inmediatamente despertaba y continuaba trabajando. Después de todo, su *falso yo* le estaba susurrando *No es bueno dejar que tu jefe te vea en esta situación*. Así que sencillamente perturbé a su *falso yo*. Le dije que tomara una corta siesta durante las horas de trabajo. Después de hacerlo se sintió mucho

Crecer hasta lograr un liderazgo maduro

más libre de ser él mismo en la oficina, y supongo que empezó a verme como alguien que se interesaba por él y no como quien que solamente lo utilizaba.

En el área de la bahía muchas de las compañías locales de tecnología suministran un almuerzo saludable todos los días, refrigerios ligeros e incluso transporte gratuito para llegar al trabajo y luego para regresar. Un amigo mío que era gerente de una empresa nueva, me dijo: "Si creo un ambiente de trabajo saludable y alegre, la gente estará en capacidad de ser creativa y entusiasta." Otro líder local les provee café a sus empleados y con frecuencia se detiene al azar frente al escritorio de alguien tan solo para informarse. Le pregunté a una de las empleadas qué ocurría en estos encuentros, y me dijo: "Me pregunta acerca de mi vida. Quiere saber qué necesito para progresar. Quiere ver si hay algo que la compañía pueda hacer mejor para prosperar en la misión."

Muchos en nuestros días la llaman *sabiduría de triple aspecto*: ganancias, el planeta y la gente. De forma desconcertante, una vez más el mundo de los grandes corporativos parece aplicar mejor ciertos principios que la iglesia. Tal vez esta percepción tiene mucho que ver con la localidad progresista en la cual vivo; no obstante, resulta alentador ver a ejecutivos sacrificando la utilidad pura por un buen manejo del medio ambiente y en pro de la salud y la satisfacción organizacional.

La disciplina de "romper las reglas" no es solamente modificación de comportamientos, aunque así lo parezca. Veo esta perturbación constante al falso yo como una intrusión de gracia y de conciencia que conduce a una relación. El corto sueñito de mi colega lo hizo más consciente del entendimiento real de que no era una máquina que trabajaba sin descanso cada día, sino un portador de la imagen divina diseñado por Dios para vivir con dignidad, para desarrollarse y prosperar. Este sencillo acto lo despertó a la realidad de una necesidad más profunda de descanso, y le recordó que era conocido al menos por mí. De igual manera, estas intrusiones de gracia dentro del lugar de trabajo, que incluyen almuerzos, refrigerios, incluso un rendimiento de cuentas semanal, conllevan un sentido de valor personal que en el fondo pareciera que nos dicen *Te conocemos, te respetamos y valoramos lo que haces*. Y tal como lo han descubierto los neurosicólogos, estos sencillos recordatorios de que somos conocidos en realidad renuevan nuestro cerebro y contribuyen a nuestra salud e integridad como seres humanos.

Los pastores también necesitan experimentar regularmente estas y otras interrupciones a su cotidianidad. Somos muy dados, quizá más que otros, a tomarnos demasiado en serio nuestra vocación que las demás personas en cualquier otra. Pero existe una razón para ello. La mayoría de los pastores ordenados reconocen después de cierto tiempo en el ministerio, que están siempre "encendidos" porque el teléfono suena a cualquier hora con una llamada que comunica una crisis, porque siempre hay más por lo cual orar, porque cada domingo trae el ineludible regreso de la adoración y de la preparación del sermón.

Recientemente aconsejé a un pastor que *rompiera las reglas*, que cancelara su tiempo de estudio esa tarde y fuera a ver una película. Él sintió como si estuviera violando algo sagrado. Después me dijo que se sintió abochornado mientras compraba el boleto de entrada, y más todavía mientras compraba un paquete de palomitas de maíz; que no le había comunicado a nadie sus planes, ni siquiera a su esposa. Pero después de ver la película, este pastor, siempre estoico y bien disciplinado, empezó a llorar. Había visto una película especialmente conmovedora —particularmente porque ejercía su pastorado en el sur de la nación. Era la película *The Help* [La Ayuda, 2011], ganadora de muchos premios ese año. Pero un día, cuando él hizo algo que le pareció incorrecto, como ver una película en plena tarde, fue consciente de algo que parecía imperdonable, una historia de injusticia racial y de relaciones violentas que lo conmovieron profundamente. Me dijo entonces que cuando terminó la proyección, estuvo llorando y gimiendo durante cinco minutos incapaz de moverse de su asiento; que algo en su interior se liberó después, como si sus ojos hubieran sido abiertos para ver la vida de una nueva manera. "Jamás había visto antes las implicaciones del evangelio con tal profundidad y claridad. Fue como si se me hubiera caído un velo y hubiese podido ver finalmente", me explicó.

En un simple acto de romper con las reglas, mi amigo experimentó el amor y la gracia perturbadora de Dios.

Disciplina 5: La práctica de la oración diaria

Nuestros hábitos y actividades diarias dicen mucho de lo que ocurre en nuestras almas. Baste ver cómo practico en la mañana el ritual de inicio del día, mirando las noticias, echando un vistazo al Twitter o consultando información en internet, para saber lo que cautiva mi atención. El conflicto inevitable comienza cuando me enfrento a mi propia tendencia de enfocar mi atención en el entretenimiento, dando conscientemente la espalda a mi propia humanidad que despierta cada mañana con la necesidad de hallar su centro y descanso en Dios.

Aunque mis prácticas cambian de tiempo en tiempo, intento hacer de la oración una disciplina regular recurriendo a lecturas devocionales para liturgias históricas y bien conocidas para encontrarme con Dios. Durante ciertas épocas he usado el diario devocional llamado *Daily Office*, que ayuda a mantener un ciclo regular de oración en varios momentos del día. En este se invita al participante a empezar y finalizar con un periodo de silencio y a leer porciones de las Escrituras, muchos Salmos, así como oraciones de confesión y textos provenientes de almas piadosas y sabias que han existido a través de la historia de la iglesia. También utilizo los ejercicios del Examen Diario inspirado por San Ignacio de Loyola. La versión que uso es una más contemporánea, pero el contenido es el mismo.[13] En este se invita al participante a leer la Escritura y reflexionar respecto de su vida: ¿Cuál es su experiencia con Dios? ¿Cómo se está sintiendo? ¿En qué áreas tiene conflictos? El Examen Diario introduce al participante a un lugar de retiro personal aún más intencional.

Pero en otras ocasiones mi búsqueda parte de un *"laberinto"*.[14] Para muchos cristianos evangélicos adentrarse en el "laberinto" que se encuentra adentro de la Iglesia Episcopal de la Gracia en la ciudad de San Francisco, tal vez pudiera parecer como una técnica de la Nueva Era hacia la conciencia espiritual. Sin embargo, este laberinto cristiano es una antigua forma de andar el camino de la cruz y de encontrarse con Dios. A medida que uno camina hacia el centro del laberinto es invitado a procesar su propia vida internamente, entregando ciertos ídolos y fijaciones internas que constriñen el alma y socavan y debilitan nuestra vida. Una vez en el centro, uno toma tanto tiempo como necesite para encontrar a Dios en silencio. A menudo me impacta lo burda que mi alma se encuentra a sí misma en este sencillo círculo interior trazado en el piso, donde a veces estoy rodeado por otros que van por la misma senda, o por el bullicio de los turistas que gustan de visitar esta pintoresca catedral. La jornada que parte del centro del laberinto conlleva su propio reto de retiro personal en la medida en que me invita a examinar la forma en que viviré más intencional y contemplativamente en mi vida pública. Todos los meses de enero llevo a los líderes del Área de la Bahía a través de un silencioso retiro espiritual en el que, entre otras disciplinas, practicamos el laberinto, y a menudo me dicen que este es uno de los momentos más importantes de autorreflexión y oración que han vivido.

Por supuesto que en esta En la práctica de la oración y de la meditación en la Palabra tenemos como el mayor enemigo a nuestras propias actividades. Pastores bien intencionados encuentran que esta práctica es eclipsada frente a las citas, a la preparación de sermones y a las reuniones. Pero con bastante frecuencia me he dado cuenta que debo programar estas cosas en mi calendario. Entonces, si alguien me pide alguna cita, simplemente puedo responder *"Mi calendario no me lo permite"*.[15] Ahora, es a usted a quien animo a practicar intencionalmente la presencia de Dios, algo que puede asumir diferentes formas. La forma no es lo más importante, sino la intención.[16]

He tenido que luchar en silencio con aquella parte de mí que ansía pasar tiempo hundido en el sofá con la fiel compañía del canal de deportes en la televisión. El drama de los deportes puede atrapar mi atención con una fuerza que doblega mis mejores instintos. Simplemente siento que necesito conocer las últimas noticias de la Liga Nacional de Fútbol Americano o el marcador del último juego de mis equipos favoritos. Más aún, me atraen los últimos comentarios, o cierto tipo de chismes deportivos que podrían ser el equivalente de una telenovela o la crónica extraída de un diario sensacionalista. Con el tiempo, mi alma se encuentra hacinada entre trivialidades que desplazan a Dios y ahogan la oración.

La oración diaria vuelve mi alma hacia su centro, no sin antes haber librado una lucha. El ring de mi conflicto interior bulle de actividad durante estos momentos. Debido a que mi alma es adicta a sus remedios propios para lograr paz y felicidad diarias, me induce a luchar con Dios convirtiendo aquella oración diaria en mucho más que una simple rutina o un ritual. Por supuesto que hay días en que la oración diaria se siente como algo ordinario, y no está mal. La meta no solo es experimentar algo profundo, sino sintonizarse con Dios. Es algo que veo muy parecido al acto de todas las noches sentarme a la mesa a cenar con mi familia. No todas las noches habrá una conversación excitante, pero la práctica de reunirnos cultiva una oportunidad para la conexión y la relación, aun sin haber nada significativo.

A medida que nos familiaricemos más con la práctica de *sentarnos a la mesa* en la presencia de Dios, nos daremos cuenta que lo que es más importante puede estar ocurriendo *frente a nuestras narices, aunque parezca imperceptible a simple vista*. Ese es el poder de esta práctica, el poder real de la oración.

Bendición

Una bendición es literalmente una "buena palabra" de Dios para nosotros, algo con lo que muchos cristianos están familiarizados. Es también una buena manera de terminar ahora: Vaya con la paz de Dios.

¿Por qué una bendición? He recorrido cierta distancia en estas páginas tratando de compartir con usted algo de mis ideas sobre los trastornos de personalidad y los problemas de la gente; sobre la ciencia que estudia el funcionamiento del cerebro y su fascinante intersección con la fe; sobre herramientas y disciplinas que podrían ayudarnos a ser más conscientes de nosotros mismos y a ayudar a reanimar nuestras jornadas; sobre las relaciones, esa profunda necesidad de conocer a Dios y ser conocidos por Él y por otros. Lo más seguro es que no haya resuelto sus grandes problemas. Todavía tiene el problema de tratar con el hombre enojado que se sienta en la primera fila de asientos cada domingo. Probablemente seguirá recibiendo los correos electrónicos del disgustado miembro de su equipo administrativo que piensa que él sabe cómo dirigir la organización mejor que usted. O tal vez esté leyendo estas líneas y diciéndose a sí mismo *Pues sí, estoy frustrado con este pastor que ha escrito un libro de ayuda pero parece que no puede ayudarme a mí*. Como ya lo dije, sus muchos problemas no serán resueltos por arte de magia.

Cuando termina una reunión de adoración y regresamos por necesidad a la vida frenética que llevamos, nos llevamos (eso espero) algo de la visión de Dios para nuestras vidas, y algo de Dios mismo. Oro y pido lo mismo una vez que termine de leer este libro. Abrigo la esperanza de que usted esté más consciente de la profundidad y la anchura de la gracia de Dios para seres humanos tan complejos y caóticos como usted y yo. Espero también que ahora usted esté más convencido de que es más importante ser hallado por Dios que intentar salir de las situaciones problemáticas uno mismo, y que entonces se vea a sí mismo tan necesitado de la gracia tanto como aquellas personas que le causan a diario sus dolores de cabeza.

Para liderar, y liderar bien, es necesario que llegué al final de sí mismo (de su *falso yo*) y descubrir que este es, no obstante, el principio de una nueva vida, de un nuevo tipo de liderazgo inspirado por el Espíritu de Dios que habita en usted. Viviendo desde lo más íntimo de su ser, donde habita el Espíritu, puede renunciar a su deseo de arreglar, de controlar y de conquistar, y beber entonces de la vida de Dios, una vida llena de paz, de descanso, de integridad, de amor, de perdón y sumisión. Esta es *la buena vida*.

Vaya, pues, con la paz de Dios.

Notas

Introducción

1. *Learning for a Change*, [Aprendiendo para cambiar], Entrevista publicada en la revista *Fast Company* en http://www.fastcompany.com/36819/learning-change.
2. Eugene Peterson, *Pastor: A Memoir*, [Pastor: Una Memoria], (San Francisco: HarperOne, 2011), p. 210.

Capítulo 1

1. Estadísticas reportadas por el Instituto Fuller, George Barna y Pastoral Care Inc. en http://pastoralcareinc.com/WhyPastoralCare/Statistics.php.
2. Charles DeGroat, *Expectation versus Reality among Male Graduates of Seminary: A Phenomenological Study*, [Expectativas contra Realidades entre varones graduados del seminario: Un Estudio Fenomenológico], (Saarbrücken: VDM Verlag, 2008).
3. Dan B. Allender, *Leading with a Limp* [Liderazgo Cojo], (Colorado Springs: WaterBrook Press, 2008), pp. 14-15.
4. Charles Spurgeon, *Our Position and Purpose* [Nuestra Posición y Propósito] from http://www.biblebb.com/files/spurgeon/3245.htm.
5. Frederick Buechner, *Telling Secrets* [Contando Secretos] (San Francisco: HarperOne, 1992), p. 38.
6. Arbinger Institute, *Leadership and Self-Deception: Getting*

Out of the Box [Liderazgo y Autoengaño: Sálgase del molde] (San Francisco: Berrett-Koehler, 2010), p. xi.

7. David Gebler, *The Three Power Values: How Commitment, Integrity, and Transparency Clear the Roadblocks to Performance* [Tres poderosos valores : *Cómo el Compromiso, la Integridad y la Transparencia allanan el camino hacia los buenos resultados]* (San Francisco: Jossey-Bass, 2012).

8. Para trazar mejor los temas de su propia historia y la forma en que impactan su presente y su futuro, recomiendo ampliamente el libro de Dan Allender *To Be Told: God Invites You to Co-Author Your Future*, [Cuéntelo: Dios lo invita a ser coautor de su propio futuro", Colorado Springs: WaterBrook Press, 2006.

9. Curt Thompson, *Anatomy of the Soul: Surprising Connections between Neuroscience and Spiritual Practices That Can Transform Your Life and Relationships* [Anatomía del Alma: Sorprendentes conexiones entre la neurociencia y las prácticas espirituales que pueden transformar su vida y sus relaciones] Carol Stream, Ill.: Salt River, 2010, p. 77.

10. Para obtener más información sobre conciencia y neurociencia, véase el libro de Daniel Siegel, *The Developing Mind* [La mente en desarrollo], New York: Guilford Press, 2012.

11. Citado en el libro de Colin E. Gunton, *The Promise of Trinitarian Theology* [La Promesa de la Teología Trinitaria], New York: T&T Clark, 1997, p. 94.

12. Esta es una frase tomada de mi colega Mike Goheen. Véase el libro de Craig Bartholomew y Michael Goheen, *The True Story of the Whole World* [La verdadera historia del mundo entero], Grand Rapids: Faith Alive, 2009.

13. Tal como lo están descubriendo cristianos que estudian la neurobiología interpersonal, el proyecto de Dios de

restauración es amplio e incluye la restauración de las sendas neurales de nuestro cerebro.

14. Véase *Anatomy of the Soul,* [Anatomía del alma] de Thompson.

15. Allender, *Leading with a Limp* [Liderazgo Cojo], p 3.

16. Ronald Richardson, *Creating a Healthier Church* [Cómo crear una iglesia más sana] (Minneapolis: Augsburg, 1996), p. 43.

Capítulo 2

1. Cita del libro de Brent Curtis y John Eldredge, *The Sacred Romance* [El Romance Sagrado], Nashville: Thomas Nelson, 1997, p. 23.

2. David Whyte, *The Heart Aroused: Poetry and the Preservation of the Soul in Corporate America* [El corazón excitado: Poesía y la preservación del alma en el ámbito estadounidense], New York: Doubleday, 1994, p. 27.

3. Richard Rohr, *Hidden Things: Scripture as Spirituality* [Cosas ocultas: Las escrituras como expresión espiritual], Cincinnati: St. Anthony Messenger Press, 2008, p. 39.

4. Ver a Stanley Grenz en *The Social God and the Relational Self* [El Dios social y el Yo relacional], Louisville: Westminster John Knox Press, 2001.

5. Vea el libro *The Liberating Image: The* Imago Dei *in Genesis 1,* [La Imagen Liberadora: La *Imago Dei* en Génesis 1] de J. Richard Middleton, Grand Rapids: Brazos Press, 2005.

6. Creo en ambas doctrinas: la de la bondad original y la del pecado original. Sin embargo, pienso que por la manera en que son explicadas, se exponen mejor en la larga historia bíblica que comienza con una buena creación, y en la larga

historia científica que muestra lo maravillosamente complejos que somos.

7. James Finley, *Merton's Palace of Nowhere* [El Palacio de Ninguna Parte, de Merton], Notre Dame, Ind.: Ave Maria Press, 1978, p. 30.

8. Thomas Lewis, Fari Amini, y Richard Lannon, *A General Theory of Love* [Una teoría general del amor], New York: Vintage Books, 2000, p. 131.

9. Curt Thompson, *Anatomy of the Soul: Surprising Connections between Neuroscience and Spiritual Practices That Can Transform Your Life and Relationships* [Anatomía del alma: Sorprendentes conexiones entre la neurociencia y las prácticas espirituales que pueden transformar su vida y sus relaciones], Carol Stream, Ill.: Salt River, 2010, p. 110.

10. William Wordsworth, *Poems in Two Volumes*, [Poemas en Dos Volúmenes], vol. 2, Hamburg, Germany: Tredetion, 2011, p. 69.

11. See Robert Bly, *A Little Book on the Human Shadow* [Un pequeño libro sobre las sombras humanas], New York: HarperCollins, 1988.

12. David G. Benner, *The Gift of Being Yourself: The Sacred Call to Self-Discovery* [El don de ser usted mismo: El llamado santo al Autodescubrimiento], Downers Grove, Ill.: InterVarsity Press, 2004), p. 78.

13. Frederick Buechner, *Telling Secrets* [Contando Secretos], San Francisco: HarperOne, 1992, pp. 44-45.

14. W. H. Auden, *Collected Poems* [Poemas Seleccionados], New York: Random House, 2007, p. 530.

15. Thomas Merton, *New Seeds of Contemplation* [Nuevas semillas de reflexión], New York: New Directions, 1962, pp. 34-35.

Capítulo 3

1. American Psychiatric Association, *Diagnostic and Statistical Manual of Mental Disorders: DSM-IV- TR*, [Manual de Diagnóstico y Estadística de los Desórdenes Mentales], 4th ed., rev. text. Washington, D.C.: American Psychiatric Association, 2000, p. 686.

2. Len Sperry, *Handbook of Diagnosis and Treatment of the DSM-IV Personality Disorders* [Manual de Diagnosis y Tratamiento de los Desórdenes de Personalidad], New York: Brunner/Mazel, 1995.

3. Marshall Shelley, *Well-Intentioned Dragons: Ministering to Problem People in the Church* [Ogros Bienintencionados: Ministrando a la gente problemática de la iglesia], Minneapolis: Bethany House, 1994, p. 34.

4. Criterios sobre el Desorden de la Personalidad Narcisista se pueden encontrar en el sitio de Internet http://www.mental-health-today .com/narcissistic/dsm.htm.

5. James F. Masterson, *The Search for the Real Self: Unmasking the Personality Disorders of Our Age* [La búsqueda del verdadero yo: Desenmascarando los Desórdenes de Personalidad de nuestra era], (New York: Free Press, 1990), p. 90.

6. Véase el capítulo 2.

7. Frederick Buechner, *Telling Secrets* [Contando secretos], San Francisco: HarperOne, 1992, p. 56.

8. La "Disciplina" siempre está relacionada con el "discipulado" que usa, incluso, medios amorosos duros para traer de regreso a alguien a una situación saludable y dentro de la comunidad.

9. [Asociación Americana de Psicología, Manual de Diagnóstico y Estadística de los Desórdenes Mentales], 4ta. ed. (Washington, D.C.: American Psychological

Association, 1994), p. 710 [Criterios sobre el Desorden de la Personalidad Dudosa se pueden encontrar en el siguiente sitio de Internet http://www.borderlinepersonalitytoday.com/main/dsmiv.htm.]

10. No confundir el OCPD [DOCP en inglés] con un desorden similar, el cual se relaciona comúnmente con comportamientos como el lavarse las manos continuamente. Criterios sobre el Desorden Obsesivo Compulsivo de Personalidad se pueden encontrar en la página de Internet http://psychcentral .com/disorders/sx26 .htm.

11. Recomiendo a *Good Will Hunting* protagonizada por Matt Damon, *The Kid*, protagonizada por Bruce Willis, y *Life as a House* protagonizada por Kevin Kline. A su manera, cada una parece profundizar más allá de los superficial.

12. Criterios y opiniones sobre *Histrionic Personality Disorder* [Desorden de Personalidad Histriónica] se pueden encontrar en internet en http://www .ncbi.nlm .nih .gov/pubmedhealth/PMH0002498/.

13. Andrew Purves, *The Crucifixion of Ministry: Surrendering Our Ambitions to the Service of Christ* [La Crucifixión del Ministerio: Cómo rendir nuestras ambiciones al servicio de Cristo], Downers Grove, Ill.: InterVarsity Press, 2007, p. 21.

14. Este sabio concepto proviene de Johnny LaLonde, una colega en City Church San Francisco Counseling Center.

Capítulo 4

1. Gerald G. May, *Addiction and Grace: Love and Spirituality in the Healing of Addictions* [Adicción y Gracia: Amor y Espiritualidad en la sanidad de las adicciones], New York: HarperCollins, 1988, p. 11.

2. Véase mi libro *Leaving Egypt: Finding God in the Wilderness*

Places [Saliendo de Egipto: Cómo encontrar a Dios en lugares desiertos], Grand Rapids: Faith Alive, 2011. En ciertos aspectos, este libro es totalmente aplicable al tema de las adicciones.

3. Bill Plotkin, *Soulcraft: Crossing into the Mysteries of Nature and Psyche* [La Estructura del Alma: Penetrando los misterios de la naturaleza y la psiquis], New World Library, Kindle edition, 2008, p. 90.

4. Bob Goudzwaard, David Van Heemst y Mark Vander Vennen, *Hope in Troubled Times* [Esperanza en tiempos difíciles], Grand Rapids: Baker Academic, 2007, p. 43.

5. May, *Addiction and Grace* [Adicción y Gracia], p. 14

6. William Cope Moyers, *Broken: My Story of Addiction and Redemption* [Quebrantado: Mi historia de adicción y redención], (New York: Viking/Penguin, 2006).

7. Robert E. Quinn, *Deep Change: Discovering the Leader Within* [Cambio profundo: Descubra el líder que hay dentro de usted], Jossey-Bass Business & Management Series, San Francisco: Jossey-Bass, 1996, p. 11.

8. Aunque he efectuado algunos cambios, en cuanto a esta estructura básica estoy en deuda con F. LeRon Shults y Steven J. Sandage y su libro *Transforming Spirituality: Integrating Theology and Psychology* [Espiritualidad que Transforma: Integrando la teología y la psicología], Grand Rapids: Baker Academic, 2006.

9. Véase el libro de Eric Johnson, *Foundations of Soul, Care* [Fundamentos del cuidado del alma], Downers Grove, Ill.: InterVarsity Press, 2007, p. 586.

10. Por cuanto no podemos cubrir el tema de todas las adicciones, vea el Apéndice de recursos al final del libro y consulte con un especialista local.

11. Sharon Hersh, *The Last Addiction: Own Your Desire, Live beyond Recovery, Find Lasting Freedom* [La Última Adicción: Controle su propio deseo, viva más allá de la recuperación, encuentre libertad duradera], Colorado Springs: WaterBrook Press, 2008.

12. Thomas Keating, *The Human Condition: Contemplation and Transformation* [La condición humana: Contemplación y transformación], New York: Paulist Press, 1999, p. 38.

Capítulo 5

1. Dan B. Allender y Tremper Longman III, *Bold Love* [Amor osado], Colorado Springs: NavPress, 1992. Por casi quince años he estado enseñado el material de Dan y de Tremper. Aunque he estructurado las cosas a mi manera, estoy en deuda con sus conceptos.

2. M. Craig Barnes, *The Pastor as Minor Poet: Texts and Subtexts in the Ministerial Life* [El Pastor como poeta menor: Textos y subtextos de la vida ministerial], Grand Rapids: Wm. B. Eerdmans, 2009, p. 16.

3. Allender y Longman, *Bold Love*, [Amor Osado], p. 255.

4. Frederick Buechner, *Telling Secrets* [Contando secretos], San Francisco: HarperOne, 1992, p. 44.

5. Véase en mi blog la anotación de mayo 25 de 2009 "¿Ser como Jesús significa estar con un abusador?", en la página de internet http://bit.ly/h298Yc.

6. Véase a Sid Rosen en *My Voice Will Go with You: The Teaching Tales of Milton H. Erickson* [Mi voz irá contigo: Los Cuentos Didácticos de Milton H. Erickson], New York: W. W. Norton, 1991.

7. Allender y Longman, *Bold Love*, [Amor Osado] p. 19.

8. George Victor, *Hitler: The Pathology of Evil* [Hitler: La

Notas

patología del mal], Dulles, Va.: Brassey's, 1998, p. 30.

9. Para mayor información sobre la diagnosis de un sociópata visie la página de internet http://www.ncbi.nlm.nih.gov/pubmedhealth/PMH0001919/

10. Recomiendo revisar varios de los libros que tratan sobre los abusadores en la sección de Recursos al final de este libro.

11. Acerca del tema del temor de Dios y de ceder el control, ver el libro Eclesiastés, de Choon-Leong Seow, *Anchor Bible Commentary*, New Haven: Yale University.

Capítulo 6

1. Jerry Sittser, *A Grace Disguised: How the Soul Grows through Loss* [Una gracia disfrazada: Cómo crece el alma a través de la pérdida], Grand Rapids: Zondervan, 2004, p. 47.

2. Iain Matthew, *The Impact of God: Soundings from St. John of the Cross* [El impacto de Dios: Opiniones de San Juan de la Cruz], London: Hodder & Stoughton, 1995, p. 10.

3. Matthew, *The Impact of God* [El Impacto de Dios] p. 60.

4. John Flavel, *A Saint Indeed; Or, The Great Work of a Christian in Keeping the Heart in the Several Conditions of Life*, disponible en: http://www.ccel.org/ccel/flavel/saintindeed.txt. [Un verdadero santo, o la gran obra del cristiano al guardar su corazón en las diferentes situaciones de la vida].

5. Matthew, *The Impact of God*, p. 15. [El Impacto de Dios]

6. F. LeRon Shults y Steven J. Sandage, *Transforming Spirituality: Integrating Theology and Psychology* [Espiritualidad que transforma: Integrando la teología y la Psicología], Grand Rapids: Baker Academic, 2006, p. 27.

7. St. John of the Cross, *The Dark Night of the Soul* [La negra

noche del alma], New York: Evergreen Review Inc., 2009, Book 1 5.3.

8. Daniel P. Schrock, *The Dark Night: A Gift of God* [La negra noche: Un don de Dios], Harrisonburg, Va.: Herald Press, 2009, p. 27.

9. Thomas Merton, *New Seeds of Contemplation* [Nuevas semillas de contemplación], New York: New Directions, 1961, p. 34.

10. Robert E. Quinn, *Deep Change: Discovering the Leader Within* [Cambio profundo: Descubra el líder que hay dentro de usted], Jossey-Bass Business & Management Series, San Francisco: Jossey-Bass, 1996, p. 45.

11. Sittser, *A Grace Disguised* [Una gracia disfrazada], p. 63.

12. Richard Rohr, *Falling Upwards: A Spirituality for the Two Halves of Life* [Caer hacia arriba: Una espiritualidad para las dos mitades de la vida], San Francisco: Jossey-Bass, 2011, p. xxiii.

13. Schrock, *The Dark Night* [La Negra Noche], p. 58.

14. Miroslav Volf, *Exclusion and Embrace: A Theological Exploration of Identity, Otherness, and Reconciliation* [Exclusión y aceptación: Una exploración teológica de la identidad, de la otredad, y de la reconciliación], Nashville: Abingdon Press, 1996, p. 294.

15. Susan Howatch, *Glittering Images* [Imágenes rutilantes], New York: Fawcett, 1988, p. 224.

Capítulo 7

1. Søren Kierkegaard, *Purity of Heart Is to Will One Thing,* [La pureza de corazón es querer una sola cosa], San Francisco: Harper, 2011.

2. Charles Spurgeon, *A Divided Heart*, [Un corazón dividido], septiembre 25, 1859; se encuentra en http://www.biblebb.com/files/spurgeon/0276.htm.

3. Parker Palmer, *A Hidden Wholeness: The Journey toward an Undivided Life* [Integridad oculta integridad: La jornada hacia una vida no dividida], San Francisco: Jossey-Bass, 2004, p. 34.

4. David Whyte, en un fragmento de *Crossing the Unknown Sea,* [Cruzando el mar desconocido], en http://www.gratefulness.org/readings/whyte dsr .htm.

5. Jacob Neusner, *Theology of the Halakah,* [Teología de Halakah] en http://www.scribd.com/doc/61265049/Theology.of.the.Halakhah.Jacob.Neusner

6. David Whyte, *The Heart Aroused: Poetry and the Preservation of the Soul in Corporate America* [El despertar del corazón: La poesía y la preservación del alma colectiva en los Estados Unidos de América], New York: Doubleday, 1994, p. 7.

7. Palmer, *A Hidden Wholeness,* [Una Integridad oculta] p. 5.

8. Palmer, *A Hidden Wholeness,* [Una Integridad oculta]p. 4.

9. Richard Rohr, *Breathing under Water: Spirituality and the Twelve Steps,* [Respirando bajo el agua: La espiritualidad y los doce pasos], Cincinnati: St. Anthony Messenger Press, 2011, p. 9.

10. Véase mi libro *Leaving Egypt: Finding God in the Wilderness Places* [Saliendo de Egipto: Cómo encontrar a Dios en lugares desiertos], Grand Rapids: Faith Alive, 2011, en el cual exploré este patrón bíblico de transformación, a través de la historia bíblica del Éxodo de Egipto.

11. Véase el capítulo 4 del libro de Richard Rohr's *Breathing under Water* [Respirando Bajo el Agua].

12. Véase el libro de David G. Benner, *Care of Souls: Revisioning Christian Nurture and Counsel* [El cuidado de las almas: Corrigiendo la nutrición y la consejería cristianas], Grand Rapids: Baker, 1998.

13. Parker, *A Hidden Wholeness*, [Una Integridad oculta] p. 20.

14. David G. Benner, *Spirituality and the Awakening Self: The Sacred Journey of Transformation* [La Espiritualidad y el Despertar del Yo: La sacra jornada de la transformación], Grand Rapids: Brazos Press, 2012, p. 60.

15. Benner, *Spirituality and the Awakening Self*, p. 33. [La Espiritualidad y el Despertar del Yo: La sacra jornada de la transformación]

Capítulo 8

1. Robert E. Quinn, *Deep Change: Discovering the Leader Within*, [Cambio profundo: Descubra el líder que hay dentro de usted], Jossey-Bass Business & Management Series, San Francisco: Jossey-Bass, 1996, p. 11.

2. Marshall Goldsmith, *Mojo*, New York: Hyperion, 2009, p. 93.

3. Wesley Granberg-Michaelson, *Leadership from the Inside Out: Spirituality and Organizational Change* [Liderazgo de adentro hacia afuera: Espiritualidad y cambio organizacional], New York: Crossway, 2004, p. 13.

4. Richard Rohr, *Breathing under Water: Spirituality and the Twelve Steps*, [Respirando bajo el agua: La Espiritualidad y los Doce Pasos], Cincinnati: St. Anthony Messenger Press, 2011, p. 33.

5. Curt Thompson, *Anatomy of the Soul: Surprising Connections between Neuroscience and Spiritual Practices That Can Transform Your Life and Relationships* [Anatomía del alma:

Sorprendentes conexiones entre la neurociencia y las prácticas espirituales que pueden transformar su vida y sus relaciones], Carol Stream, Ill.: Salt River, 2010, p. 3.

6. Thompson, *Anatomy of the Soul*, [Anatomía del alma], p. 23.

7. Parker Palmer, *A Hidden Wholeness: The Journey toward an Undivided Life* [Una Integridad oculta: La jornada hacia una vida no dividida], San Francisco: Jossey-Bass, 2004, p. 39.

8. Quinn, *Deep Change*, [Cambio profundo], p. 11. [Cambio profundo]

9. Henri Nouwen, *Making All Things New*, [Hagamos nuevas todas las cosas], (New York: Harper, 1981), p. 70.

10. De la introducción de *The Interior Castle*, [El castillo interior] de Teresa de Ávila. Transcripción de Mirabai Starr, New York: Riverhead Books, 2003.

11. Richard Bauckham enfatiza este punto de manera maravillosa y en forma frecuente en su *Theology of the Book of Revelation* [Teología del libro de Apocalipsis], Cambridge: Cambridge University Press, 1993.

12. Un sitio en internet que yo uso para el *Daily Office* es http://www.missionstclare.com/english/index.html. Ver también *Seeking God's Face*, [Buscando el rostro de Dios], Faith Alive Christian Resources.

13. Un sitio en internet que uso para el Daily Examen es http://www.sacredspace.ie/.

14. Para mayor información sobre el "Laberinto", véase http://www.gracecathedral.org/visit/labyrinth/.

15. Para más información sobre este asunto, ver el capítulo titulado "The Unbusy Pastor" [El Pastor no ocupado] en el libro *The Contemplative Pastor* [El Pastor contemplativo]

de Eugene Peterson, Grand Rapids: Wm. B. Eerdmans, 1989.

16. Para mayor información sobre la importancia de las prácticas intencionales y de los hábitos culturales que nos dan forma, véase el libro *Desiring the Kingdom: Worship, Worldview, and Cultural Formation* [Deseando el Reino: Adoración, Visión del mundo y Formación cultural] de James K. A. Smith, Grand Rapids: Baker Academic, 2009.

Recursos

ABUSO (SEXUAL)

Dan B. Allender. *The Wounded Heart: Hope for Adult Victims of Childhood Sexual Abuse*, [El corazón herido: Esperanza para las víctimas adultas de abuso sexual durante la niñez], Rev. ed. Colorado Springs: NavPress, 1995.

Justin y Lindsey Holcomb. *Rid of My Disgrace: Hope and Healing for Victims of Sexual Assault*, [Desecho mi desgracia: Esperanza para las víctimas de abuso sexual], Wheaton, Ill.: Crossway, 2011.

Diane Mandt Langberg. *On the Threshold of Hope*, [En el umbral de la esperanza], Wheaton, Ill.: Tyndale House, 1999.

ABUSO (EMOTIONAL/PSICOLÓGICO)

Lundy Bancroft. *Why Does He Do That? Inside the Minds of Angry and Controlling Men*, [¿Por qué él hace eso? Penetrando la mente de hombres furiosos y controladores], New York: Berkley Books, 2003.

Patricia Evans. *The Verbally Abusive Relationship: How to Recognize It and How to Respond*, [La relación verbalmente abusiva: Cómo reconocerla y responderla], Avon, Mass.: Adams Media, 2003.

Gregory L. Jantz (with Ann McMurray). *Healing the Scars of Emotional Abuse*, [Sanando las cicatrices del abuso emocional], Grand Rapids: Baker, 1995.

ABUSO (DOMÉSTICO)

Helen L. Conway. *Domestic Violence and the Church*, [La violencia doméstica y la iglesia], Milton Keynes, U.K.: Paternoster Press, 1998.

Justin y Lindsey Holcomb. *Is It My Fault? Hope and Healing for Those Suffering Domestic Violence*. [¿Es culpa mía? Esperanza y sanidad para quienes sufren violencia doméstica], Chicago: Moody Publishers, 2014.

Neil Jacobson y John Gottman. *When Men Batter Women: New Insights into Ending Abusive Relationships*. [Cuando los hombres maltratan a las mujeres: Nuevas apreciaciones para acabar con las relaciones abusivas], New York: Simon & Schuster, 1998.

ADICCIONES EN GENERAL

Sharon Hersh. *The Last Addiction: Own Your Desire, Live beyond Recovery, Find Lasting Freedom*, [La última adicción: Sea dueño de su deseo, trascienda a la recuperación, encuentre libertad duradera], Colorado Springs: WaterBrook Press, 2008.

Gerald G. May. *Addiction and Grace: Love and Spirituality in the Healing of Addictions*, [Adicción y Gracia: El Amor y la Espiritualidad en la Sanidad de las Adicciones], New York: HarperCollins, 1988.

ADICCIONES (SEXUALES)

Claudia Black. *Deceived: Facing Sexual Betrayal, Lies, and Secrets*, [Engañado: Enfrentando la traición sexual, las mentiras y los secretos], Center City, Minn.: Hazelden, 2009.

Patrick Carnes. *Facing the Shadow: Starting Sexual and*

Relationship Recovery [Enfrentando las sombras: El comienzo de la recuperación sexual y de las relaciones], (Libro de trabajo). Wickenburg, Ariz.: Gentle Path, 2001.

Patrick Carnes. *Out of the Shadows: Understanding Sexual Addiction*, [Fuera de las sombras: La comprensión de la adicción sexual], 3ra. ed. Center City, Minn.: Hazelden, 2001.

Patrick Carnes, David L. Delmonico, y Elizabeth Griffin, con Joseph M. Moriarty. *In the Shadows of the Net: Breaking Free of Compulsive Online Sexual Behavior*, [En las sombras de la red: Liberación del comportamiento sexual compulsivo en Internet], Center City, Minn.: Hazelden, 2007.

Patrick Carnes, con Joseph M. Moriarty. *Sexual Anorexia: Overcoming Sexual Self-Hatred* [Anorexia sexual: Superando el autorechazo sexual], Center City, Minn.: Hazelden, 1997.

Stephanie Carnes. *Mending the Shattered Heart: A Guide for Partners of Sex Addicts*, [Reparando el corazón destrozado: Una guía para los compañeros de adictos sexuales], 2da. ed. Carefree, Ariz.: Gentle Path Press, 2011.

Michael John Cusick. *Surfing for God: Discovering the Divine Desire beneath Sexual Struggle*, [Domine el oleaje para Dios: Descubra el divino deseo subyacente al conflicto sexual], Nashville: Thomas Nelson, 2012.

Marnie C. Ferree. *No Stones: Women Redeemed from Sexual Addiction*, [Sin piedras: Mujeres redimidas de la adicción sexual], 2da ed. Downers Grove, Ill.: InterVarsity Press, 2010.

Debra Laaser. *Shattered Vows: Hope and Healing for Women Who Have Been Sexually Betrayed* [Votos fracturados: Esperanza y sanidad para mujeres que han sido traicionadas sexualmente], Grand Rapids: Zondervan, 2008.

Mark R. Laaser. *Healing the Wounds of Sexual Addiction* [Sanando las heridas de la adicción sexual], Grand Rapids: Zondervan, 2004.

ADICCIONES A LAS SUSTANCIAS

Caroline Knapp. *Drinking: A Love Story* [Beber: Una historia de amor], New York: Dial Press, 1997.

Michael J. Kuhar. *The Addicted Brain: Why We Abuse Drugs, Alcohol, and Nicotine,* [El cerebro adicto: Por qué abusamos de las drogas, el alcohol y la nicotina], Upper Saddle River, N.J.: FT Press, 2012.

William Cope Moyers. *Broken: My Story of Addiction and Redemption,* [Quebrantado: Mi historia de adicción y redención], New York: Viking/Penguin, 2006.

OTRAS ADICCIONES

Margaret Bullitt-Jonas. *A Holy Hunger: A Memoir of Desire* [Hambre santa: Un recuerdo de deseo], New York: Alfred A. Knopf, 1999.

Steven Levenkron. *Cutting: Understanding and Overcoming Self-Mutilation,* [Cortando: Comprendiendo y superando la automutilación], New York: W. W. Norton, 2006.

Michele Siegel, Judith Brisman, y Margot Weinshel. *Surviving an Eating Disorder: Strategies for Families and Friends,* [Sobreviviendo al desorden alimenticio: Estrategias para familias y amigos], 3rd ed. New York: Collins Living, 1999.

RELACIONES DEPENDIENTES

Tim Clinton y Gary Sibcy. *Attachments: Why You Love, Feel, and Act the Way You Do,* [Dependencias: Por qué usted ama,

Recursos

siente y actúa de la forma en que hace], Brentwood, Tenn.: Integrity Publishers, 2002.

Robert Karen. *Becoming Attached: First Relationships and How They Shape Our Capacity to Love* [Cómo nos convertimos en dependientes: Las primeras relaciones y cómo moldean nuestra capacidad de amar], New York: Oxford University Press, 1994.

IGLESIA Y CONSEJERÍA

Julie A. Gorman. *Community That Is Christian*, [La comunidad que es cristiana] 2nd ed. Grand Rapids: Baker, 2002.

Theresa F. Latini. *The Church and the Crisis of Community: A Practical Theology of Small-Group Ministry*, [La iglesia y la crisis de la comunidad: Una teología práctica de ministerio a grupos pequeños], Grand Rapids: Wm. B. Eerdmans, 2011.

Ronald Richardson. *Creating a Healthier Church* [Creando una iglesia más saludable], Minneapolis: Augsburg, 1996.

Rod Wilson. *Counseling and Community*, [Consejería y Comunidad], Dallas: Word, 1995.

HABILIDAD PARA LA CONSEJERÍA

Deborah van Deusen Hunsinger y Theresa F. Latini. *Transforming Church Conflict: Compassionate Leadership in Action*, [Conflicto transformador en la iglesia: Liderazgo compasivo en acción], Louisville: Westminster John Knox Press, 2013.

Scott T. Meier y Susan R. Davis. *The Elements of Counseling*, [Los elementos de la consejería], 7th ed. Belmont, Calif.: Wadsworth Cengage Learning, 2011.

DIVORCIO Y NUEVO MATRIMONIO

David Instone-Brewer. *Divorce and Remarriage in the Bible: Biblical Solutions for Pastoral Realities,* [Divorcio y Nuevo matrimonio en la Biblia: Soluciones bíblicas para realidades pastorales], Downers Grove, Ill.: InterVarsity Press, 2003.

David Instone-Brewer. *Divorce and Remarriage in the Bible: The Social and Literary Context,* [Divorcio y Nuevo matrimonio en la Biblia: El contexto social y literario], Grand Rapids: Wm. B. Eerdmans, 2002.

EMOCIONES

Dan B. Allender y Tremper Longman III. *The Cry of the Soul: How Our Emotions Reveal Our Deepest Questions about God,* [El clamor del alma: Cómo nuestras emociones revelan nuestros más profundas interrogantes acerca de Dios], Colorado Springs: NavPress, 1994.

Matthew Elliot. *Feel: The Power of Listening to Your Heart,* [Sienta: El poder de escuchar su corazón], Wheaton, Ill.: Tyndale House, 2008.

ENNEAGRAM

El "Enneagram" es una herramienta de valoración de la personalidad con una singular conexión con los siete pecados capitales de la tradición cristiana, y la sabiduría proveniente de la tradición contemplativa cristiana sobre el cuidado del alma.

Beatrice Chestnut. *The Complete Enneagram: 27 Paths to Greater Self-Knowledge,* [La Enneagram completa: 27 Senderos hacia un mayor conocimiento de uno mismo], Berkeley, Calif.: She Writes Press, 2013.

Recursos

David N. Daniels y Virginia A. Price. *The Essential Enneagram: The Definitive Personality Test and Self-DiscoveryGuide*, [La Enneagram esencial: La prueba definitiva de la personalidad y guía del descubrimiento de uno mismo], Rev. ed. New York: HarperOne, 2009.

Simon Parke. *The Enneagram: A Private Conversation with the World's Greatest Psychologist*, [La Enneagram: Una conversación privada con el Psicólogo más grande del mundo], Oxford: Lion, 2008.

Don Richard Riso y Russ Hudson. *The Wisdom of the Enneagram: The Complete Guide to Psychological and Spiritual Growth for the Nine Personality Types*, [La sabiduría del Enneagram: La guía completa para el crecimiento Psicológico y espiritual de los Nueve Tipos de Personalidad], New York: Bantam Books, 1999.

Richard Rohr y Andreas Ebert. *The Enneagram: A Christian Perspective*, [El Enneagram: Una perspectiva cristiana], New York: Crossroad, 2001.

ÉTICA

Richard M. Gula. *Just Ministry: Professional Ethics for Pastoral Ministers*, [El Ministerio: Ética pastoral para el ministerio pastoral], New York: Paulist Press, 2010.

FRACASO E IMPERFECCIÓN

Dan B. Allender. *Leading with a Limp*, [Un Liderazgo Cojo], Colorado Springs: Water-Brook Press, 2008.

Brené Brown. *The Gifts of Imperfection: Let Go of Who You Think You're Supposed to Be and Embrace Who You Are*, [Deseche lo que supone que usted debe ser y acéptese tal como es], Center City, Minn.: Hazelden, 2010.

LAS PERSONAS MÁS DIFÍCILES DE AMAR

Ernest Kurtz y Katherine Ketcham. *The Spirituality of Imperfection: Modern Wisdom from Classic Stories*, [La espiritualidad de la imperfección: Sabiduría moderna de las historias clásicas], New York: Bantam Books, 1992. 2008.

DOLOR, PÉRDIDA Y FRUSTRACIÓN

Renée Altson. *Stumbling toward Faith: My Longing to Heal from the Evil that God Allowed*, [Tropiezos camino a la fe: Mi anhelo de ser sanado del mal que Dios permitió], Grand Rapids: Zondervan, 2004.

Larry Crabb. *Shattered Dreams: God's Unexpected Path to Joy*, [Sueños fracturados: El inesperado camino de Dios hacia la alegría], Colorado Springs: WaterBrook Press, 2001.

C. S. Lewis. *A Grief Observed*, [Observando el dolor], San Francisco: HarperSanFrancisco, 2001.

St. John of the Cross. *The Dark Night of the Soul*, [La oscura noche del alma].

Jerry Sittser. *A Grace Disguised: How the Soul Grows through Loss*, [Gracia Disfrazada: Cómo crece el alma a través de la pérdida], Grand Rapids: Zondervan, 2004.

Nicholas Wolterstorff. *Lament for a Son*, [Lamento por un hijo], Grand Rapids: Wm. B. Eerdmans, 1987.

MATRIMONIO

Dan B. Allender y Tremper Longman III. *Intimate Allies*, [Aliados íntimos], Wheaton, Ill.: Tyndale House, 1995.

John M. Gottman, Julie Schwartz Gottman, y Joan DeClaire. *Ten Lessons to Transform Your Marriage*, [Diez lecciones para cambiar su matrimonio], New York: Crown Publishers, 2006.

Archibald D. Hart y Sharon Hart Morris. *Safe Haven Marriage: A Marriage You Can Come Home To*, [Matrimonio, refugio seguro: Un matrimonio en el que usted puede llegar al hogar], Nashville: W Publishing Group, 2003.

Mike Mason. *The Mystery of Marriage: Meditations on the Miracle*, [El misterio del matrimonio: Meditaciones sobre el milagro], Sisters, Ore.: Multnomah Books, 1996.

NEUROCIENCIA

David Brooks. *The Social Animal: The Hidden Sources of Love, Character, and Achievement*, [El Animal Social: Los recursos ocultos del amor, el carácter y la realización], New York: Random House, 2012.

Thomas Lewis, Fari Amini, y Richard Lannon. *A General Theory of Love*, [Una teoría general del amor], New York: Vintage Books, 2000.

Curt Thompson. *Anatomy of the Soul: Surprising Connections between Neuroscience and Spiritual Practices That Can Transform Your Life and Relationships*, [Anatomía del alma: Sorprendentes conexiones entre neurociencia y prácticas espirituales que pueden transformar su vida y sus relaciones], Carol Stream, Ill.: Salt River, 2010.

PATERNIDAD

Dan B. Allender. *How Children Raise Parents: The Art of Listening to Your Family*, [Cómo los hijos crían a los padres: El arte de escuchar a su familia], Colorado Springs: WaterBrook Press, 2003.

Foster W. Cline y Jim Fay. *Parenting with Love and Logic: Teaching Children Responsibility*, [La crianza de los hijos con amor y lógica: Enseñando responsabilidad a los hijos], Edición actualizada y ampliada. Colorado Springs: Piñon Press, 2006.

CARÁCTER PASTORAL

M. Craig Barnes. *The Pastor as Minor Poet: Texts and Subtexts in the Ministerial Life*, [El Pastor como oeta Menor: Textos y subtextos en la vidaministerial], Grand Rapids: Wm. B. Eerdmans, 2009.

Eugene H. Peterson. *The Contemplative Pastor: Returning to the Art of Spiritual Direction*, [El Pastor reflexivo (mejor "que medita": Retorno hacia el arte de la dirección espiritual], Grand Rapids: Wm. B. Eerdmans, 1989.

Eugene H. Peterson. *Under the Unpredictable Plant: An Exploration in Vocational Holiness*, [Bajo la planta impredecible: Una exploración en la santidad vocacional], Grand Rapids: Wm. B. Eerdmans, 1992.

DESÓRDENES DE PERSONALIDAD

Lorna Smith Benjamin. *Interpersonal Diagnosis and Treatment of Personality Disorders*, [Diagnosis interpersonal y tratamiento de los Desórdenes de Personalidad], New York: Guilford Press, 1993.

Jeffrey J. Magnavita. *Relational Therapy for Personality Disorders*, [Terapia Relacional para los Desórdenes de Personalidad], New York: Wiley, 2000.

James F. Masterson. *Search for the Real Self: Unmasking the Personality Disorders of Our Age*, [La búsqueda del verdadero yo: Desenmascarando los Desórdenes de Personalidad de nuestro tiempo], New York: Free Press, 1990.

INTEGRIDAD RELACIONAL

Dan B. Allender y Tremper Longman III. *Bold Love*, [Amor osado], Colorado Springs: NavPress, 1992.

Parker Palmer. *A Hidden Wholeness: The Journey toward an*

Undivided Life, [Integridad oculta: La jornada hacia una vida no dividida], San Francisco: Jossey-Bass, 2004.

Ronald W. Richardson. *Becoming a Healthier Pastor: Family Systems Theory and the Pastor's Own Family*, [Conviértase en un pastor más aaludable: Teoría de Sistemas de Familia y de la propia familia del pastor], Minneapolis: Fortress Press, 2005.

EL CUIDADO DEL ALMA EN LA HISTORIA CRISTIANA

David G. Benner. *Care of Souls: Revisioning Christian Nurture and Counsel*, [El cuidado de las almas: Corrigiendo la nutrición y el consejo Cristianos], Grand Rapids: Baker, 1998.

Eric Johnson. *Foundations of Soul Care*, [Fundamentos del cuidado del alma], Downers Grove, Ill.: Inter-Varsity Press, 2007.

DISCIPLINAS ESPIRITUALES

The Daily Office: http://www.missionstclare.com/english/.

Gerald G. May. *The Awakened Heart: Living beyond Addiction*, [El corazón despierto: Superando la adicción], San Francisco: HarperSanFrancisco, 1991.

Henri J. M. Nouwen. *With Open Hands*, [Con manos abiertas], 2da rev. ed. Notre Dame, Ind.: Ave Maria Press, 2006.

Philip F. Reinders. *Seeking God's Face: Praying with the Bible through the Year*, [Buscando el rostro de Dios: Orando con la Biblia a lo largo del año], Grand Rapids: Faith Alive Christian Resources, 2010.

Daniel Wolpert. *Creating a Life with God: The Call of Ancient Prayer Practices*, [Construyendo una vida con Dios:

El llamado a las antiguas prácticas de la oración], Nashville: Upper Room Books, 2003.

MADUREZ Y TRANSFORMACIÓN ESPIRITUAL

Chuck DeGroat. *Leaving Egypt: Finding God in the Wilderness Places,* [Saliendo de Egipto: Cómo encontrar a Dios en lugares desiertos], Grand Rapids: Faith Alive, 2011.

Iain Matthew. *The Impact of God: Soundings from St. John of the Cross,* [El impacto de Dios: Opiniones de San Juan de la Cruz], London: Hodder & Stoughton, 1995.

Richard Rohr. *Falling Upwards: A Spirituality for the Two Halves of Life,* [Caer hacia arriba: Una espiritualidad para las dos mitades de la vida] San Francisco: Jossey-Bass, 2011.

F. LeRon Shults y Steven J. Sandage. *Transforming Spirituality: Integrating Theology and Psychology,* [Espiritualidad eue transforma: Integrando la teología y la psicología], Grand Rapids: Baker Academic, 2006.

RELATOS

Dan Allender. *To Be Told: God Invites You to Co-Author Your Future,* [Para contar: Dios lo invita a ser coautor de su futuro], Colorado Springs: WaterBrook Press, 2006.

Frederick Buechner. *Telling Secrets,* [Contando secretos], San Francisco: HarperOne, 1992.

Brent Curtis y John Eldredge. *The Sacred Romance,* [El sagrado romance] Nashville: Thomas Nelson, 1997.

George MacDonald. *The Diary of an Old Soul: 366 Writings for Devotional Reflection,* [El Diario de un alma vieja: 366 escritos para meditación devocional], Minneapolis: Augsburg, 1965.

EL YO Y LA UNIÓN CON DIOS

David G. Benner. *The Gift of Being Yourself: The Sacred Call to Self-Discovery*, [El don de ser usted mismo: El llamado santo al autodescubrimiento], Downers Grove, Ill.: InterVarsity Press, 2004.

James Finley. *Merton's Palace of Nowhere* [El Palacio de Ninguna Parte, de Merton], Notre Dame, Ind.: Ave Maria Press, 1978.

James Martin, S.J. *Becoming Who You Are: Insights on the True Self from Thomas Merton and Other Saints*, [Cómo llegar a ser lo que usted es: Luces sobre el verdadero yo, de Tomás Merton y otros santos], Mahwah, N.J.: HiddenSpring, 2006.

Thomas Merton. *New Seeds of Contemplation*, [Nuevas semillas de meditación], New York: New Directions, 1962.

Henri J. M. Nouwen. *Return of the Prodigal Son: A Story of Homecoming*, [El retorno del hijo pródigo: Una historia de regreso al hogar], New York: Continuum, 1995.

Richard Rohr. *Immortal Diamond: The Search for Our True Self*, [Diamante inmortal: La búsqueda de nuestro verdadero yo], San Francisco: Jossey-Bass, 2013.

VOCACIÓN

Os Guinness. *The Call: Finding and Fulfilling the Central Purpose of Your Life*. [El llamamiento: Encuentre y realice el propósito central de su Vida], Nashville: W Pub. Group, 2003.

John Neafsey. *A Sacred Voice Is Calling: Personal Vocation and Social Conscience*. [La voz santa que llama: La vocación personal y la conciencia social], Maryknoll, N.Y.: Orbis Books, 2006.

Parker J. Palmer. *Let Your Life Speak: Listening for the Voice of Vocation.* [Deje que su vida hable: Escuchando la voz de la vocación], San Francisco: Jossey-Bass, 2000.